2,—

D1723247

Katrin Dörre-Heinig
Christoph Külzer-Schröder

Leidenschaft Marathon

Die Weltkarriere
der Katrin Dörre-Heinig

Katrin Dörre-Heinig
Christoph Külzer-Schröder

Leidenschaft Marathon

Die Weltkarriere
der Katrin Dörre-Heinig

Inhaltsverzeichnis

Japanische Begeisterung 2005

Herausger der Reihe „Große Persönlichhkeiten des Sports" Wolfgang Fuhr

Impressum

Lektorat: Erwin Puschkarsky, Hürth
Fotos: Archiv Katrin Dörre-Heinig
          Stefan Schwenke, Ahlen (Seite 216)
Einband: Werkstatt für creative Computeranwendungen, Lohfelden
Satz: AGON Sportverlag
Druck: Clausen & Bosse, Leck
© 2006   by AGON Sportverlag
          Frankfurter Straße 92a
          D - 34121 Kassel
          Telefon 05665-405 84 20 / Fax 05665-405 84 21
          eMail info@agon-sportverlag.de
Alle Rechte vorbehalten

ISBN 978-3-89784-282-3

www.agon-sportverlag.de

.... Es wäre wirklich ein Jammer gewesen, wenn es damals zu einer anderen Entwicklung gekommen wäre. Trotz aller Plackerei, die ein Marathonwettkampf mit sich bringt, liebe ich diesen Sport. Und ich bin froh, vor vielen Jahren den Weg zum Marathon gefunden zu haben. Für mich ist Marathonlauf die schönste Sportart, die ich mir vorstellen kann. Und im Nachhinein betrachtet bin ich froh, mich durch alle Höhen und Tiefen immer wieder durchgearbeitet zu haben. Aber wir Langläuferinnen haben zum Glück einen langen Atem und wissen: Auch wenn es zwischendurch einmal schwierig wird, es lohnt sich weiter zu machen. Denn der Lohn kommt mit dem Erreichen des Ziels. ...

Katrin Dörre-Heinig

- Sie ist unbestritten die erfolgreichste Marathonläuferin aller Zeiten – Katrin Dörre-Heinig.

- 45 Mal bei den wichtigsten Läufen weltweit gestartet, konnte sie 24 Mal als erste Frau das Ziel erreichen.

- 21 Mal blieb sie dabei unter der magischen Grenze von 2 Stunden 30 Minuten.

- Olympische Spiele, Weltmeisterschaften und Weltcups, überall konnte sie das Renngeschehen mitprägen.

Aber wer ist sie eigentlich, diese gesamtdeutsche Ausnahmeathletin, die in der DDR populär wurde und auch nach der Wende ihre Erfolgsserie fortsetzen konnte? Welcher Mensch verbirgt sich hinter diesem sportlichen Phänomen? Und wie ist es zu schaffen, so erfolgreich zu werden und vor allen Dingen, sich über solch einen langen Zeitraum die Faszination für den Mythos Marathon und das Laufen in dieser Extraklasse ungetrübt zu erhalten?

Als ich mich das erste Mal um eine Kontaktaufnahme bemühte, erhielt ich am Telefon die Antwort: „Katrin ist nicht da. Sie ist gerade laufen." Das klang sympathisch und machte sie mir gleich vertraut. Auch eine Ausnahmesportlerin genießt also den Lauf am frühen Samstagvormittag, nicht anders als wir ‚Normalläufer'. Mit dem zweiten Anruf hatte ich dann mehr Erfolg. Schnell waren wir im Gespräch und vereinbarten ein erstes Treffen.

Schließlich war es so weit, und ich traf sie zum ersten Mal. Zierlich, schmal und absolut sympathisch und offen. Es war schon ein seltsames Gefühl. Mehr als einmal hatte ich irgendwo im breiten Läuferfeld eines Marathons gesteckt, während sie vorne ihrem nächsten Triumph entgegenlief. Sport aus einer anderen Welt – Sportlerin aus einer anderen Welt. Unerreichbar, unnahbar, so hatte ich immer geglaubt.

Und nun saßen wir hier in der DB Lounge im Frankfurter Hauptbahnhof und ich bekam die ersten Eindrücke aus ihrem Leben, von ihr persönlich geschildert. Und irgendwann stellte ich fest – erstaunlich viele Dinge in Bezug auf den Marathonlauf erleben Profis gar nicht so viel anders als wir Hobbyläufer. Die 42 Kilometer muss jeder Schritt für Schritt bewältigen.

Wir trafen uns dann noch häufiger, denn es gab eine Fülle von Erlebnissen und Erinnerungen, über die sie berichten konnte. Ich muss sagen, Katrin hat es mir hierbei leicht gemacht. Mit erstaunlicher Offenheit, einem beeindruckenden Gedächtnis auch an vermeintliche Kleinigkeiten und ohne etwas zu verharmlosen oder zu beschönigen, erzählte sie mir, wie ihr Leben und ihr sportlicher Werdegang verlaufen waren.

Es entstand ein schillerndes, vielschichtiges und faszinierendes Bild einer Sportlerin auf ihrem Weg zum Erfolg. Es entstand aber auch ein Buch über eine Frau, die Kindheit und Jugend in der DDR verbrachte, dann die Grenzöffnung miterlebte und in der Folge alle Höhen und Tiefen kennen lernte.

Von ihren frühen Jahren in der DDR über die Zeit der Wende bis hin zu ihrem Umzug in die neue Heimat im Odenwald entstand so auch ein Stück deutsche Geschichte. Authentisch, ungeschminkt und unglaublich spannend. Die Geschichte von und über Katrin Dörre-Heinig – ein Leben für die Faszination Marathon.

Zieh, Katrin, zieh durch!

Es ist heiß, brütend heiß. Das Lauftrikot klebt mir am Körper und die leichte Brise, die bisweilen von vorne kommt, bringt jedes Mal nur ein wenig willkommene Erfrischung. Gleichmäßig heben und senken sich die Beine, und die Füße trommeln ihr Stakkato auf den Asphalt. Mehr als 22 Kilometer haben wir bereits hinter uns gelegt, und das Feld um mich herum ist deutlich lichter geworden als es im ersten Teil des Laufes noch war. Wenige Minuten noch, dann gibt es wieder zu trinken. Bis dahin muss ich der Hitze und dem Durstgefühl trotzen. Weiter geht es, Schritt für Schritt, cirka 150 Schritte in der Minute, mit denen ich rund 300 Meter dem Ziel näher komme.

Meine Vorbereitung auf den heutigen Wettkampf ist hervorragend gelaufen. Vom Start weg habe ich mich topfit gefühlt. Dieses Gefühl will ich mitnehmen, will der zunehmenden Müdigkeit trotzen. Ich will gewinnen, will das ersehnte Zielband als erste Frau durchlaufen. Die Konkurrenz ist groß. Auch die Japaner haben wieder eine enorm starke Truppe an den Start geschickt. Egal, ich will siegen, will meinen Freunden und Fans beweisen, dass sie zu Recht wieder einmal auf mich gesetzt haben.

Und die Menschen am Streckenrand helfen mir mit ihrer Begeisterung. Seitdem wir gestartet sind, stehen sie in dichten Reihen am Straßenrand und feuern uns frenetisch an. „Katrin, Katrin, auf geht's, weiter geht's" (oder auf japanisch – auch wenn ich die Bedeutung der Wörter nicht kenne), immer wieder vernehme ich mir zugedachte Rufe, die mich zusätzlich motivieren. Das verleiht neue Kräfte, das freut vor allen Dingen und bestärkt mich darin, meine Fans heute nicht zu enttäuschen.

Meine Fans – im Grunde ist das Wahnsinn, schießt es mir mit einem Mal durch den Kopf. Menschen, die extra wegen mir heute morgen hier an die Strecke gekommen sind, die ausharren für den Moment, in dem ich an ihnen vorbeisause, und die dann diese kurze Zeitspanne nutzen, mich anzufeuern und voranzutreiben.

Ein wenig erinnert mich diese Begeisterung am Straßenrand an einen Lauf, der zwar schon lange zurück liegt, der sich mir dennoch für alle Zeiten eingeprägt hat.

Bereits im Stadion auf den letzten Metern zur Olympischen Medaille in Seoul 1988

Bronzemedaille im Marathon der Frauen. Olympische Spiele Seoul 1988

Genau wie hier standen auch in Seoul die Menschen am Straßenrand und jubelten uns Vorbeilaufenden zu. Geradezu ins Ziel ließ ich mich auf der Woge der Begeisterung tragen. Und ich selbst war auch begeistert. Schließlich gibt es für eine Sportlerin nichts Bewegenderes, als bei Olympischen Spielen dabei zu sein. Dafür leben wir, dafür trainieren wir. Tag um Tag, Jahr um Jahr, um dann, am entscheidenden Tag, dabei sein zu dürfen.

Der Traum eines jeden Sportlers: Die Olympiamedaille

Und der olympische Marathonlauf war mir sowieso viel zu wichtig, um auch nur irgendetwas zu riskieren. Optimal und penibel hatte ich mich vorbereitet.

Das Rennen verlief ziemlich normal. Wir waren fast die ganze Zeit in einer großen Gruppe unterwegs. Erst gegen Ende hatten wir uns zu viert ein wenig vom Feld abgesetzt. Rosa Mota, Lisa Ondieki, eine Russin namens Tatjana Polowinskaja und ich wollten eine Medaille erringen. Eine musste aus der Gruppe noch herausfallen. Also ging ich an die Spitze und machte Tempo. Wenigstens eine Medaille wollte ich sicher haben. Das bedeutete, ich musste derart verschärfen, dass eine der anderen drei nicht mehr mitkäme. Es gelang tatsächlich. Aufgrund meines Zwischenspurts waren wir schließlich nur noch zu dritt. Meine Tempobolzerei sollte sich allerdings schon sehr schnell als Fehler herausstellen. Bei Kilometer 40, an einem Punkt, an dem man normalerweise noch einmal alle Kräfte mobilisiert, passierte es. Rosa Mota nutzte einen kurzen Anstieg, um die Geschwindigkeit weiter zu forcieren. Ich dachte: „Du musst hinterher! Los, du musst hinterher, Katrin!" Aber es ging nicht. Ich merkte mit einem Mal, wie tot ich war. Jetzt bloß nicht so viel verlieren, war mein Bestreben. Und ich probierte es. Lisa Ondieki, die in diesem Moment wohl auch nicht mehr so frisch war, hängte sich an mich dran. Einen Kilometer vor dem Ziel rannte aber auch sie dann noch los – und ich hatte nichts mehr zuzusetzen. Ich dachte immer: „Mensch, das ist doch nur noch ein Kilometer. Tausend Meter sind das, ein kurzer Tempolauf. Los jetzt!" Aber es ging nicht.

erreichte ich schließlich als Dritte und hatte damit die ersehnte Medaille gewonnen, ein tolles Gefühl.

Unvergessen ist für mich der Moment, als ich bei der Siegerehrung des Marathonlaufes mit auf dem Treppchen im Stadion stehen durfte. Nach einem harten Wettkampf dieser Triumph, einfach Wahnsinn. Ich war glücklich. Ich war bei den Olympischen Spielen dabei gewesen und hatte es geschafft, in einer Zeit von 2:26:21 die Bronzemedaille zu erringen.

Die Mannschaft freute sich natürlich mit mir über den Erfolg. Das war wirklich toll damals. Jede Leistung wurde gewürdigt. Wir waren wie eine große Familie, ein echtes Team. Das war eh eine unserer Stärken. Trotz vieler Probleme, die es bei uns immer wieder gab, hatte die DDR es geschafft, uns Leistungssportler zu einem Team zusammenzuschweißen. Die Mannschaft gab jedem Einzelnen Rückhalt und Stärke. Und es gab hier weder Neid noch Missachtung guter Leistungen der anderen. Wir freuten uns gemeinsam über die Erfolge jedes Einzelnen. So etwas habe ich in dieser Form später leider nicht mehr erlebt.

Ganz in den Gedanken an die Glücksgefühle von damals versunken nehme ich im Vorbeilaufen ein Messingschild an einem der Häuser wahr. Das wäre ja noch nichts Besonderes. Aber was auf dem Schild ist, das bringt mich gedanklich in eine ganz andere Richtung. Die Schrift selbst kann ich zwar nicht lesen, aber das Bild ist zu erkennen. Deutlich sichtbar ist ein Zahn abgebildet. Vermutlich residiert in diesem Haus ein Zahnarzt. Und ein Zahnarzt hat einmal eine ganz besondere Rolle in meiner Vergangenheit gespielt. Und es war keine angenehme Angelegenheit. Oh ja, auch an andere Seiten meines sportlichen Lebens als die Sonnenseite kann ich mich bestens erinnern.

Der Zahn muss raus!

Im Frühjahr dieses Olympiajahres waren wir im Höhentrainingslager auf den Belmeken in Bulgarien. Wir hatten intensiv und mit entsprechendem Erfolg trainiert und machten uns gut gestimmt auf die Heimreise. Als wir gelandet waren, empfing mich der Verbandsarzt. Mit großem Erstaunen musste ich von ihm vernehmen, ich hätte einen entzündeten Zahn. Den müsste ich mir, da dies ein Risiko für die Spiele sei, schnellstens ziehen lassen. Ich sollte den Vollzug dieser „Aktion" umgehend dem Verband melden. Also ging ich am nächsten Tag sofort zu meinem Zahnarzt, um alles zu klären. Der Zahn wurde geröntgt, und es stellte sich heraus, dass er völlig gesund war. Ich war natürlich heilfroh darüber und ließ mir das Röntgenbild geben. Das schickte ich, anstelle der geforderten Meldung, zusammen mit dem ärztlichen Gutachten an den Verband. So hatte sich diese Geschichte für mich erledigt. Dachte ich jedenfalls. Aber es kam alles ganz anders!

Postwendend bekam ich Bescheid, dass die Unterlagen nicht stimmen könnten und daher keine Beachtung fänden. Wenn Frau Dr. D. festgestellt hätte, dass der Zahn entzündet sei, dann sei er es auch. Ich nahm diese Mitteilung nicht ernst. Allerdings begann es mir zu dämmern, woher diese Mär vom entzündeten Zahn kam. Denn mit Frau Dr. D. gab es da eine kleine Vorgeschichte, die sich drei Jahre zuvor abgespielt hatte. Sie war damals Zahnärztin in unserem Sportsanatorium. Dort fanden sämtliche Untersuchungen und Tests für die Marathonläufer statt. Und regelmäßig, wenn wir in Kreischa zum Laufbandtest waren, mussten wir auch zum Zahnarzt.

1985 fand der Weltcup in Hiroshima statt. In der DDR war es üblich, dass sich bei solchen Gelegenheiten die Funktionäre gerne mit in die Liste der Reisenden aufnehmen ließen. Mit diesen Reisen wurde bisweilen richtiggehend geschachert. Unsere Trainer dagegen hatte kaum die Chance, einmal dabei zu sein, selbst wenn sie die absoluten Top-Athleten betreuten. Aber Funktionäre und Ärzte reisten gerne mit. Nach Hiroshima begleitete uns ein Dr. D., der damals zudem in leitender Funktion im Sportsanatorium tätig war.

Leider wurde in der Abschlussvorbereitung einer unserer Spitzenläufer krank. Das schien unseren Doktor aber nicht zu interessieren.

Für ihn war es wichtiger, in der Stadt bummeln zu gehen und das Leben zu genießen. Zwei Tage vor dem Wettkampf war die Erkältung des besagten Läufers so stark geworden, dass er den Verbandschef, der ja bei so einer Reise auch nicht fehlen darf, aufsuchte und ihm erklärte: „Wenn der Doc nichts unternimmt, werde ich nicht laufen können!" Nun war Polen offen. Der Doktor wurde unverzüglich einbestellt. Auf der Suche nach Medikamenten durchkramte er seinen Koffer, ohne wirklich zu wissen, was eigentlich drin war. Später erfuhren wir, dass seine Frau, besagte Frau Dr. D., den gepackt hatte. Da dies nicht der einzige negative Vorfall mit unserem Arzt war, beschloss die gesamte Mannschaft, sich nach der Reise beim Verband zu beschweren. Wir wollten eine vernünftige ärztliche Betreuung. Also reichten wir eine Beschwerde beim Verband ein, unterschrieben von den jeweiligen Mannschaftskapitänen, für die Männer von Jörg Peter, für die Frauen von mir. Was dabei herauskam, haben wir nie erfahren, aber es muss wohl Ärger und eine Vorladung für Dr. D. gegeben haben. Und jetzt kam die Retourkutsche seiner Frau, drei Jahre später!

Es dauerte tatsächlich nur zwei Tage, bis man mich nochmals anwies, mir den Zahn ziehen zu lassen. Ich schrieb zurück, dass ich nicht daran dächte, mir einen gesunden Zahn ziehen zu lassen. Daraufhin überschlugen sich die Ereignisse förmlich. Sofort erhielt mein Club (der SC DHfK Leipzig) folgenden Bescheid: „Katrin Dörre ist aus dem Olympia-Kader gestrichen." Dies hätte bedeutet – keine Teilnahme an den Olympischen Spielen. Das war echt der Hammer! Ich war total durch den Wind. Was sollte ich denn machen? Ich hatte die Qualifikation längst in der Tasche und trainierte schon seit einigen Wochen gezielt auf diesen Wettkampf hin. Das Schlimmste war, dass ich nicht wusste, ob es mir wirklich helfen würde, selbst wenn ich mich auf dieses irre Spiel einließ. Vielleicht verlangte der Verband anschließend, mir den Blinddarm rausnehmen zu lassen, denn der kann ja auch ein Entzündungsrisiko sein. So entschloss ich mich schweren Herzens, auf die Olympischen Spiele zu verzichten. Für mich brach eine Welt zusammen.

Keine Woche später kam der nächste Schock. Wolfgang sollte als Trainer entlassen werden. Mein Dilemma hätte ich ja noch irgendwie verkraften können, aber das war zu viel. Vor allem immer wieder die Angst: Was kommt als Nächstes? Nach zwei zermürbenden Nächten gab ich auf und teilte dem Verband meine Zustimmung mit.

Noch am gleichen Tag kam der Verbandsarzt aus Dresden, um als „Zeuge" dabei zu sein. Es wurde alles abgesichert. So marschierten wir zu dritt, Wolfgang, der Verbandsarzt und ich als Betroffene, zum Zahnarzt. Ich kam mir vor, wie bei einer Hinrichtung. Heulend saß ich im Zahnarztstuhl und erwartete die Vollstreckung des Urteils. Mein Zahnarzt versuchte das Übel abzuwenden und sagte nur immer wieder, er könne doch keinen gesunden Zahn ziehen, dies vereinbare sich nicht mit seiner Ethik als Arzt. Die Antwort des Verbandsarztes werde ich wohl nie vergessen, sie war der reinste Hohn: „Ziehen Sie schon, wenn Sie's nicht tun, dann macht's ein anderer." Nachdem der Zahn raus war und die Meldung darüber dem Verband vorlag, war es, als sei nie etwas gewesen. Ich durfte wieder trainieren, und Wolfgang blieb dem Club als Trainer erhalten. Natürlich hatte ich Angst vor weiteren Schikanen, die aber zum Glück ausblieben, und so konnte ich mich ganz auf die Olympischen Spiele in Seoul konzentrieren.

Dauernde Schikanen – und immer wieder die Entscheidung, trotz allem dem Sport und speziell dem Marathon treu zu bleiben, einfach war dies sicher nicht. Aber jetzt gab es auch kein Halten mehr in der Vorbereitung auf die lang ersehnte Teilnahme am olympischen Marathonlauf.

Die Olympischen Spiele rückten dann schnell näher – und damit einer der absoluten Höhepunkte in meinem Leben als Sportlerin. Die Eindrücke, die diese Wettkämpfe, die Zeit mit den Mannschaftskameradinnen und -kameraden, bei mir hinterlassen haben, sind mit die schönsten meiner Karriere.

Die Karriere selbst war ansonsten in steter Bewegung. Mal ging es steil aufwärts, mal fand ich mich abrupt in der Spur nach unten. Man kann wahrlich nicht sagen, meine Sportlerkarriere sei von Beginn an geradlinig und schnurstracks verlaufen. Ganz im Gegenteil. Immer wieder machten mir körperliche Probleme zu schaffen. Das erste Mal richtig schlimm wurde es 1981, als das Knie plötzlich nicht mehr wollte.

Mit schöner Regelmäßigkeit denke ich an diese Zeit zurück, wenn ich im Verlauf eines Rennens einen Rollstuhlfahrer überhole. Die starten ja einige Zeit vor uns, und die schnellen sind natürlich längst weg. Aber auf die etwas langsameren Rollstuhlfahrer laufen wir oft auf und überho-

len sie. Ich finde ihre Leistung absolut bewundernswert. Ob ich es schaf-
fen würde, mehr als 42 Kilometer auf diese Weise zu bewältigen, kann
ich nicht sagen. Aber ich bin schon sehr froh und dankbar, dass ich mei-
ne beiden Beine zum Laufen benutzen kann, obwohl es zu diesem Punkt
einmal eine ganz fürchterliche Diagnose für mich gegeben hat. Damals,
als das Knie nicht mehr mitspielte – und es einfach nicht besser wurde.
Da hieß es nur noch –ab in die Krankenstation. Die Ursache war zu-
nächst völlig unklar. War es das intensive Training, war es eine Fehlstel-
lung, oder war es etwas völlig anderes? Keiner der behandelnden Ärz-
te wusste etwas damit anzufangen. Und fast wäre damals, im Alter von
nur 20 Jahren, meine sportliche Laufbahn zu Ende gewesen. Die nieder-
schmetternde Diagnose lautete:

Zum Laufen völlig ungeeignet
– fast das frühe Ende

1981 war zwar kein schönes, aber für mich ein ausgesprochen rich-
tungweisendes Jahr. Schon kurz nach unserer Auslandsreise im Frühjahr bekam ich mit einem Mal starke Schmerzen im Knie. An eine
Fortsetzung des intensiven Trainings war nicht zu denken. Mir blieb
nichts anderes übrig, ich musste den Arzt aufsuchen. Dort bekam ich
zwei Wochen intensivster Therapie verordnet, die aber leider nichts
half. Es trat keine Besserung ein.

Nun genossen wir Leistungsträger im Sport der DDR natürlich
den Vorzug einer sehr aufwendigen Betreuung. Schließlich sollten
wir weiterhin auf internationalem Parkett Erfolge für das Vaterland
erringen. So wurde in meinem Fall eine Ärztekonferenz einberufen
mit dem Ergebnis, dass ich auf die Sportlerstation eingewiesen wurde. Ein wenig traurig und ohne viel Hoffnung war ich schon, als ich
dort einzog. Aber bald schloss ich mit anderen Patientinnen engere
Bekanntschaft, und dann wurde es sogar recht lustig, denn mit einem
Mal war hier tatsächlich etwas los und Zerstreuung angesagt.

Eine der Mitbewohnerinnen der Sportlerstation war Martina
Hellmann, die spätere Olympiasiegerin im Diskuswurf. Die hatte al-

lerdings gar keine Probleme mit den Knochen, sondern war lediglich zur Überprüfung und Beobachtung da. Somit erhielt sie auch, ganz im Gegensatz zu mir, kaum Behandlungen. „Eigentlich könnte ich auch zu Hause sein", äußerte sie häufig, „hier passiert doch eh nichts mit mir. Ja wenn ich irgend etwas hätte ..."

Das hätte sie nicht sie laut sagen sollen, denn postwendend wurde ihr Wunsch erfüllt und sie bekam vereiterte Mandeln und hohes Fieber. Es ging ihr ziemlich mies. Nun endlich erhielt auch sie eine Behandlung und dazu reichlich Antibiotika. Doch leider vertrug sie die verschriebene Sorte nicht. Ganz im Gegenteil, sie reagierte sogar extrem allergisch darauf, und bei ihr bildete sich am ganzen Körper ein juckender Ausschlag. Da hättet ihr Martina einmal fluchen hören sollen. Und schon ging ihre Behandlung in die nächste Runde. Zur absoluten Erheiterung der anderen wurde ihr eine Ganzkörperanwendung mit Zinksalbe verordnet. Von Kopf bis Fuß eingeschmiert, sah Martina aus wie ein Schneemann, oder besser gesagt, wie eine Schneefrau. Jedes Mal nach der Prozedur saß sie dann auf der Bettkante, Arme und Beine weit von sich gestreckt, denn das weiße Zeug rieselte schnell von der Haut. Ruckzuck war der Fußboden unter ihr dann mehlig weiß, und wir anderen vergnügten uns damit, Figuren dort hinein zu malen. War echt schön. Nur wenn eine der Schwestern dazukam, gab es meistens Ärger.

Zwei von uns Mädels mussten an Krücken gehen. Ich gehörte dazu, denn ich sollte das Bein nicht belasten. An schönen Tagen durften wir hinaus in den Garten. Licht und frische Luft sind für alle Arten von Heilungsprozessen vorteilhaft, das wussten auch unsere Betreuer. Was sie nicht wussten, war, wie einfallsreich wir waren, wenn es darum ging, sich die langen Tage zu vertreiben. Da wir in einem Alter waren, in dem man gerne eine Menge Blödsinn macht, kamen wir im Garten auf eine geniale Idee. Wir veranstalteten ein Krückenwettrennen. Als Strecke hatten wir eine Route quer durch die Beete ausgewählt, die mitsamt Krücken so schnell wie möglich bewältigt werden musste. Die Technik blieb jeder selbst überlassen. Im Ziel wurde dann die Zeit gestoppt, und wir wollten so die schnellste Krückenläuferin ermitteln. Nun muss man sagen, dass das Ganze gar nicht so einfach war, denn es hatte geregnet und war streckenweise recht matschig. Ich gab natürlich mein Bestes und raste um und durch die Beete. Die Zeit hätte wohl zum Sieg gereicht, wäre da nicht noch Martina Hellmann gewesen. Sie hatte ihre Zinksalbenkur zum Glück endlich beenden können und schoss nun beim Krückenrennen den Vogel ab. Da sie ja keine Krücken hatte, aber auch mitmachen wollte, nahm sie meine. Nun war Martina ein ganzes Stück größer als ich. Zu dieser Zeit war das medizinische Gerät längst nicht so entwickelt wie heutzutage, das bedeutete – man konnte die Krücken nicht verstellen. Martina musste also ziemlich in die Knie gehen. Eigentlich hätte man es kommen sehen müssen, aber sie war zu sehr im Eifer des Wettkampfes gefangen und wollte meine Zeit unterbieten. Plötzlich rutschte sie weg und tat sich verdammt weh. So war das Wettrennen schnell beendet. Wir mussten nur zusehen, dass uns kein Arzt erwischte, als wir uns wieder auf unsere Zimmer schlichen. Martina konnte kaum auftreten, wollte das aber niemandem erzählen, denn ihre Entlassung stand unmittelbar bevor.

Als sie dann nach Hause konnte, wurde es auf der Station richtig ruhig – schade eigentlich. Bei mir war es dagegen noch lange nicht so weit, und allmählich machte ich mir Sorgen wegen der Schule. Ich war zu dieser Zeit in der 13. Klasse, und das Abitur stand kurz bevor.

Ich war schon sehr froh, als ich erfuhr, dass ich trotz der vielen Fehlwochen zum Abi zugelassen wurde. Das bedeutete allerdings, dass ich nun regelmäßig lernen musste. Gelegentlich kamen sogar Lehrer oder Mitschülerinnen in die Sportlerstation, um mit mir schweren Stoff durchzunehmen. Bei einem solchen Besuch brachte eine Freundin mir Weintrauben in einem Glas mit. Da ich keinen Appetit darauf hatte, stellte ich das Glas erst einmal auf die Fensterbank und vergaß es dann völlig. So stand es tagelang auf dem Fensterbrett und war ständig der Sonne ausgesetzt. Es kam, wie es kommen musste, das Ganze begann zu gären. Wie die Masse kurz darauf aussah, brauche ich sicher nicht näher zu erklären. Eines Morgens kam eine Schwester rein und sah die Bescherung. Sie brüllte auch gleich los: „Was ist denn das für eine Schweinerei? Wem gehört das? Und so etwas auf einer Krankenstation, ich werde das sofort dem Arzt melden!" Und schon war sie wieder draußen. Ich war fürchterlich erschrocken. An das Glas hatte ich gar nicht mehr gedacht. Und im Grunde hatte sie ja Recht, es war eine echte Sauerei. Nun war guter Rat teuer. Was sollte ich dem Arzt bloß sagen? Mir kam plötzlich – wie schon so häufig – eine glänzende Idee. Der Arzt ließ nicht lange auf sich warten und begann auch gleich, mich zu maßregeln. Daraufhin erklärte ich ihm, dass das Ganze weder eine Schweinerei noch ein Versäumnis sei, sondern das Ergebnis intensiver Schularbeiten. In Bio würden wir gerade die alkoholische Gärung behandeln, und meine Aufgabe sei es gewesen, diesen Prozess zu beobachten und zu dokumentieren. Er schaute mich ziemlich skeptisch an, und ich weiß bis heute nicht, ob er mir geglaubt hat. Immerhin verließ er den Raum schnurstracks wieder mit der Bemerkung, ich solle das Glas schnellstens entsorgen, was ich auch tat. Später kam dann die Schwester noch mal ins Zimmer und entschuldigte sich sogar bei mir. Das war schon fast zu viel des Guten. Als sie wieder draußen war, haben wir uns noch lange köstlich über den Vorfall amüsiert.

Nach sechs Wochen wurde auch ich endlich wieder entlassen. Mein Knie war allerdings mitnichten besser geworden. Ich sollte nunmehr auf die Spezial-Sportlerstation nach Bad Düben und dort operiert werden. Vorher sollte ich noch mein Abitur machen, und aus diesem Grund wurde der OP-Termin um drei Wochen verschoben. Diese Zeit nutzte ich, um meine Prüfungen abzulegen. In der ersten Woche waren die schriftlichen Klausuren in Deutsch, Mathe und Bio dran. Montags darauf erfuhr ich meine mündlichen Prüfungsfächer. Eine Woche blieb mir zum Lernen, dann absolvierte ich auch die mündlichen Prüfungen. Da ich überhaupt nicht wusste, was einmal werden sollte, war es mir wichtig, möglichst gut abzuschneiden, aber ein bisschen musste ich doch immer wieder an die bevorstehende Operation denken.

Direkt nach den Prüfungen wurde ich nach Bad Düben gebracht, um operiert zu werden. Dort wurde ein Eingriff am Meniskus vorgenommen und der Knorpel angebohrt. Im OP-Bericht stand:

DIE SPORTLERIN IST FÜR DAS LAUFEN UNGEEIGNET

Ob der behandelnde Arzt wohl jemals mitbekommen hat, welche Karriere als Läuferin ich später gemacht habe? Nach dieser niederschmetternden Diagnose hätte man eigentlich davon ausgehen können, dass meine sportliche Karriere – zumindest als Läuferin – beendet war. Aber wie so oft im Leben sollte alles völlig anders kommen. Diese missliche Situation war letztlich der Startschuss in eine unglaubliche Karriere als Langläuferin.

Rückblickend bin ich immer wieder erstaunt, wie viele kleine Ereignisse letztlich so ein Menschenleben entwickeln, verändern und formen. Auch bei mir waren es bisweilen Zufälle, die mich immer wieder in die Richtung des Laufens brachten.

Eine solch entscheidende Begebenheit war der Tag, an dem ich zum ersten Mal überhaupt mit der Leichtathletik in Kontakt kam.

Ich erinnere mich immer wieder an diesen Tag, wenn ich am Straßenrand Kinder sehe, die uns mit großen Augen beim Vorbeilaufen betrachten. Ob die dann wohl davon träumen, selbst einmal so Laufen zu können?

Gerade eben laufe ich wieder an einer solchen Gruppe vorbei. „Katrin, ... ziiiiieh!", schallt es, als ich sie passiere. Ein kleines Mädchen, vielleicht 6 oder 7 Jahre alt, habe ich im Vorbeilaufen aus dem Augenwinkel erhascht.

Was mag im Kopf dieses Mädchens wohl gerade vor sich gegangen sein? Wie hat es mich, meinen kurzen Auftritt, wahrgenommen? Treibt es selbst bereits Sport? Läuft es gar? Und hat es möglicherweise Wünsche, Pläne, Hoffnungen für seine sportliche Zukunft? Obwohl man in diesem Alter im Grunde noch gar nicht ahnen kann, wohin sich die Interessen einmal entwickeln werden.

Wenn ich da an mich denke, als ich so alt war. Keinen Gedanken habe ich an die Lauferei verschwendet. Eigentlich ist es ein Zufall gewesen, der mich vor vielen Jahren zum Laufsport gebracht hat. ...

Wie ich zur Leichtathletik fand

Ich war 9 Jahre alt. Mit einer Freundin aus meiner Klasse hatte ich mich zum Rollschuhlaufen verabredet.

Nach der Schule kam sie mit zu mir nach Hause und wir machten gemeinsam unsere Hausaufgaben. Dann hatte ich noch einige kleinere Aufgaben im Haushalt zu erledigen. So war ich zum Beispiel für den „geliebten Abwasch" zuständig. Brav erledigte ich all meine Pflichten, während meine Freundin geduldig auf mich wartete, denn wir wollten ja schließlich noch Rollschuh laufen.

Die Zeit verging und es war schon vier Uhr durch, als wir endlich los konnten. Zunächst mussten wir aber noch bei ihr zu Hause vorbei, um ihre Rollschuhe zu holen. Auf diesem Weg geschah es. Eine Begegnung, die mein Leben nachhaltig prägen sollte.

Wir trafen auf der Straße ein anderes Mädchen aus unserer Klasse. Sie trug Sportkleidung und hatte es ziemlich eilig. Das machte uns neugierig, und wir wollten wissen, wohin sie denn unterwegs sei. Sie erzählte uns, dass sie seit einiger Zeit das Leichtathletik-Training besuchte und heute sehr spät daran sei, weil sie mit ihrer Mutter beim Friseur gewesen war.

Bisher hatte ich nur ein einziges Mal Berührung mit der Leichtathletik gehabt. In der zweiten Klasse war einmal danach gefragt worden, wer Lust hätte, beim ‚Cross der Jugend' teilzunehmen. Als ich damals erfahren hatte, dass man da Laufen sollte, war die Angelegenheit für mich erledigt gewesen. „Da musste hin und sollst auch noch laufen, nee, wirklich nicht." Das war alles, was mir durch den Kopf gegangen war.

Aber jetzt, als ich meine Klassenkameradin so voller Vorfreude erlebte, dachte ich mit einem Mal anders über die Angelegenheit. Leichtathletik-Training – das klang aufregend. Was dort wohl so gemacht wurde? Ich war ungeheuer neugierig geworden, und schlagartig war jeder Gedanke an das Rollschuhlaufen verflogen. Es war sicher nicht die feine englische Art, meine Freundin einfach stehen zu lassen, aber ich konnte der Versuchung nicht widerstehen. Kurz entschlossen flitzte ich noch mal nach Hause und holte meine Turnschuhe. Es waren blaue Stoffturnschuhe mit weißer Gummisohle, so eine Art Einheitsmodell, das fast alle Kinder damals besaßen.

So rannte ich meiner Schulkameradin hinterher und wir gingen gemeinsam zum Training. Es war eine aufregende neue Erfahrung für mich. Wir hatten einen richtigen Trainer und unter seiner Anleitung sprangen, liefen und spielten wir den ganzen Nachmittag miteinander. Es machte mir so viel Spaß, dass ich mir wünschte, dabeibleiben zu dürfen. Der Übungsleiter war einverstanden, und da auch meine Eltern nichts dagegen hatten, stand meinem Einstieg in die Welt der Leichtathletik nichts mehr im Wege.

Hoppla, da war ich gerade tief in meinen Erinnerungen gefangen und wäre fast einem vor mir laufenden jungen Sportler in die Hacken gerannt. Es ist schon immer wieder erstaunlich, wie sich die Männer um uns erste Frauen in einer Gruppe zu sammeln versuchen. Einerseits ist es angenehm, denn dadurch muss man nicht allein laufen, aber manchmal wird es eben auch eng, so wie gerade. Zum Glück ist ja nichts passiert. Das Lauftempo ist momentan ziemlich gleichmäßig. Bis zur nächsten Verpflegungsstation dauert es noch ein wenig. Da heißt es natürlich immer höllisch aufzupassen. Das gilt für die Massen, die etwas später diese Stelle erreichen und dann teilweise kreuz und quer über die Straße schießen, nur um keine Sekunde zu verlieren und die scheinbar optimale Stelle zu treffen, um sich einen Becher zu greifen. Das gilt aber auch für die Spitze. Denn ruckzuck hat man eine fremde Flasche gegriffen. Trotz aller Kennzeichnungen passiert das immer wieder, und auch ich habe schon einmal einer Konkurrentin, der Jegorowa, die Flasche vor der Nase weggeschnappt. Die hat große Augen gemacht und ich selbst habe mit der ‚fremden Mischung‘ gar nichts anfangen können. Also hab ich sie brav auf dem nächsten Tisch wieder abgestellt und sie ist doch noch zu ihrem Drink gekommen.

Aber da es noch nicht so weit ist, kann ich es mir erlauben, noch ein wenig in den Erinnerungen zu kramen. Daran denken, wie ich nach der ersten zufälligen Begegnung irgendwann wirklich Gefallen am Laufen fand. So sind sie halt, die Zufälle des Lebens. Ohne die Begegnung an jenem Nachmittag wäre vermutlich niemals ein Kontakt zur Leichtathletik zustande gekommen und die Marathonläuferin Katrin Dörre-Heinig hätte es nicht gegeben. Damals war der Laufsport bei Weitem nicht so populär wie heute, da ehrgeizige Eltern – häufig selbst Hobbyläufer – bei Bambiniläufen ihre lieben Kleinen an die Wettkampfatmosphäre heranführen. Aus meinem Elternhaus wären die Impulse, sich dem Sport zu widmen, vermutlich eher nicht gekommen. Man kann nicht sagen, dass es eine ausgesprochen sportliche Umgebung war, in die ich im Jahr 1961 hineingeboren wurde.

Die ersten Jahre

Am 6. 10. 1961 erblickte ich in Leipzig das Licht der Welt. Meine Schwester Carmen war zu diesem Zeitpunkt bereits sechs Jahre alt. Dieser Altersunterschied hatte eine besondere Bedeutung für meine Entwicklung, da ich stets dasselbe tun wollte wie sie. So spielte ich schon mit drei Jahren nicht mehr mit Puppen, sondern tobte lieber auf dem Hof mit den ‚Großen' herum. Mein Vater arbeitete viel und war tagsüber nicht zu Hause. Öfters bekam meine Mutti Unterstützung durch meine Großmutter, die manchmal bis zu sechs Wochen bei uns war.

Ab 1964 besuchte ich den Kindergarten. Besonders gern ging ich nicht dorthin, weil man immer auf die Erzieherinnen hören musste und ich ja aus den Unternehmungen mit meiner Schwester die Freiheit gewohnt war. Gelegentlich war ich auch für einige Wochen bei meiner Großmutter, aber auch da gefiel es mir nicht so gut, da sie ziemlich streng war und ich immer nur artig sein sollte.

Mit sechs Jahren musste ich operiert werden. Im Krankenhaus hatte ich ständig Heimweh, und die Krankenschwestern waren ziemlich unfreundlich zu mir. Eines weiß ich aber noch genau. Es gab einen Arzt, der oft zu mir kam und mich tröstete. Hier kam mir erstmals der Gedanke, diesem Mann einmal nachzueifern und eine gute Ärztin zu werden.

Im September 1968 wurde ich in die Herder-Oberschule in Leipzig Süd eingeschult. Dort ging ich sehr gerne hin und bemühte mich auch, gute Leistungen zu bringen. Als Belohnung bekam ich im zweiten Schuljahr die ‚Urkunde für gutes Lernen in der sozialistischen Schule'. Bald darauf wurde ich offiziell ‚Jungpionier'. Ich strengte mich immer sehr an und gehörte auch im dritten Schuljahr zu den Besten der Klasse. Wenn ich mit den Hausaufgaben fertig war, trieb ich mich gerne draußen herum und erlebte eine Kindheit mit viel Bewegung. An organisierten Sport im Verein dachte ich allerdings damals überhaupt nicht. Fahrradfahren, Rollschuhlaufen und einfach Herumtoben waren die beliebtesten Bewegungsformen. Auch von Seiten meines Elternhauses wurde kein Wert darauf gelegt, dass ich einem Verein beitrat oder systematisch einem Sport nachging.

Ich will einmal ganz nach oben. Schon mit 4 Jahren war das für Katrin klar

Einer der ersten Wettkämpfe – Sechste bei den Cross-Bezirksmeisterschaften im November 1971

Bezirks-Cross 1972

Ab geht die Post – auf dem Weg zur
Kreismeisterin 1972

Spartakiade der Jugend – der bislang größte Erfolg im Jahr 1973
– Sieg über die 800 Meter in 2:33:1

Leistungskontrolle bei der DHfK im September 73

Platz 2 bei der DDR offenen Cross Serie 1974

In den ersten Grundschulklassen hatte sich ebenfalls kein besonderes sportliches Talent bemerkbar gemacht, so dass auch von staatlicher Seite das Interesse eher gering war. Gut, dass ich auf diese Weise eine fröhliche Kindheit erleben konnte, ohne schon früh in Leistungskader gedrängt zu werden. So hat es neun Jahre lang gedauert, bis die ersten Bande in Richtung Leichtathletik und Laufen geknüpft wurden. Nachdem die ersten Kontakte da waren, ging es allerdings ziemlich schnell.

Es dauerte dann auch gar nicht lange, bis ich zum ersten Mal so etwas wie leistungssportlichen Druck empfand, als ich zu einem Wettkampf eingeteilt wurde. Wer selbst schon an Wettkämpfen teilgenommen hat, der kennt dieses Gefühl zwischen Aufregung, Spannung und freudiger Erwartung, das im Grunde nie ganz verschwindet. Aber beim ersten Mal ist es natürlich am intensivsten. Selbst nach unzähligen Starts kann ich mich noch an die Aufregung bei diesem ersten Wettkampf meiner Laufbahn erinnern.

Mein erster Wettkampf

Ich ging regelmäßig zum Training und es machte mir immer wieder riesigen Spaß. Schon bald kam der Sommer und mit ihm stand ein echtes Ereignis vor der Tür – die Stadt-Spartakiade (vergleichbar mit den heutigen Kreismeisterschaften). Aufgrund meines bis dahin erst sehr kurzen Trainings konnte ich im Grunde noch nichts so richtig. Dies bereitete meinem damaligen Übungsleiter einiges Kopfzerbrechen, denn er wusste nicht, in welcher Disziplin er mich eigentlich melden sollte. Ich hoffte inbrünstig, er würde mich überhaupt nominieren, denn die Teilnahme an einem echten Wettkampf stellte ich mir einfach herrlich vor. So fieberte ich mit Herzklopfen der Aufstellung entgegen. Und, hurra, ich durfte tatsächlich mitmachen. Ich sollte in der 4 x 50 m-Staffel laufen. Das machte mich mächtig stolz, aber auch ein wenig unruhig, denn von der Stabübergabe hörte ich zum ersten Mal und wusste nicht, ob ich das auch hinbekommen würde. Der Übungsleiter, der das wohl mitbekam, stellte mich auf die Position 1. Da sah er wahrscheinlich das kleinste Risiko im Hinblick auf die Stabübergabe.

Endlich war es so weit. Ich war furchtbar aufgeregt. Hoffentlich geht alles gut, nicht, dass ich den Stab verliere. ... Der Startschuss fiel und ich flitzte los. Ich war wahnsinnig schnell, wie ich fand, und konnte den Stab sicher an die zweite Läuferin übergeben. Dann wartete ich gespannt auf den Ausgang des Rennens. Juhuhh, wir wurden Zweite, wir gewannen die Silbermedaille. Ich konnte es kaum glauben. Freudestrahlend lief ich zu den anderen. Aber die schienen meine Freude nicht zu teilen. Ich begriff gar nicht, was los war, bis plötzlich eine von ihnen rief: „Wegen Dir haben wir nur den zweiten Platz belegt, du warst am Start zu langsam." Mit einem Mal hatte ich einen dicken Kloß im Hals und machte mir natürlich Vorwürfe.

Als wir aber bei der Siegerehrung die Medaille überreicht bekamen, war der Ärger vergessen. Ich war ungeheuer stolz auf diesen zweiten. Platz. Am Abend habe ich meine Medaille sogar mit ins Bett genommen und mir vorgenommen, fleißig weiter zu trainieren. Dann würde ich das nächste Mal am Start bestimmt schneller sein und vielleicht sogar einmal eine Goldmedaille erkämpfen.

Mit einem Mal kehren die Gedanken wieder in die Gegenwart zurück. Irgendetwas stimmt nicht, meldet das Unterbewusstsein. Aha, da ist der Übeltäter bereits ausgemacht. Die Laufhose ist verrutscht und droht zu scheuern. Kein Problem, zum Glück. Mit einem Handgriff ist alles wieder in Ordnung gebracht und der Lauf kann ungestört weiter gehen. Gut, wenn sich die Dinge so einfach regeln lassen. Das ist nicht immer so. Ich kann mich lebhaft daran erinnern, wie mir eine Laufhose auch schon einmal ernsthafte Schwierigkeiten bereitet hat.

Das war am 2. November 1983 gewesen, als ich den 25-Kilometer-Lauf in Eilenburg bestritt. Es war sehr kalt und wir sind mit langen Hosen gelaufen. Die langen Hosen damals waren allerdings mit den heutigen Tights überhaupt nicht zu vergleichen. Heute liegen die Hosen eng an und tragen sich bei trockenem wie auch nassem Wetter gleichermaßen gut. Damals allerdings war an derartiges Hightech-Material noch nicht zu denken. Baumwollene Gymnastikhosen waren es, mit denen wir auf die Strecke gingen. Und wer diese Hosen kennt, der kann sich gut vorstellen, was geschah, wenn die edlen Stücke nass wurden. Sie sogen sich voll, wurden zunehmend schwerer und rutschten dementsprechend immer weiter runter. Alle zwei bis drei Minuten zog ich die Hose hoch, krempelte sie um, und immer wieder rutschte sie runter bis in die Kniekehlen. Dass ich trotzdem eine gute Zeit lief, kann ich mir heute gar nicht mehr vorstellen – aber vielleicht war es die Gewohnheit – so etwas ist uns damals oft passiert

Die Laufbekleidung war eh ein Kapitel für sich. Wenn ich daran denke, dass ich zuerst ausschließlich mit meinen Leinen-Turnschuhen gelaufen bin, heute unvorstellbar. Aber irgendwann war es dann so weit – ich wurde zum ersten Mal wettkampfmäßig ausgestattet.

Meine ersten Spikes

Bei meinen ersten Wettkämpfen besaß ich natürlich noch keine echten Laufschuhe oder gar Schuhe mit Spikes. Nein, mit meinen gewöhnlichen Turnschuhen ging ich an den Start und rannte, so schnell es eben ging. So etwas wäre heute undenkbar. Es gibt wohl kaum ein Kind, welches zum Wettkampf ohne ordentliche Ausrüstung antritt. Viele Eltern sind glücklich, wenn ihre Sprösslinge Sport treiben und kaufen ihnen nach Möglichkeit die erforderliche Ausstattung. Bei uns war das nicht ganz so einfach. Zum einen gab es kaum Schuhe zu kaufen, und zum anderen mussten meine Eltern mit dem Geld haushalten. Zuerst einmal wurde also abgewartet, ob es mir mit dem Sport überhaupt wirklich ernst war.

Beim Training, das ich mittlerweile regelmäßig besuchte, liefen wir uns zu Beginn erst einmal gründlich warm. Da mir dieses Aufwärmtraining immer viel Spaß bereitete, lief ich meine Runden meistens viel zu schnell. Eines schönen Tages sagte mein Übungsleiter, Wolfgang Langrock: „Katrin, kannst du denn nicht mal langsamer laufen? Wenn du weiter immer so rennst, melde ich dich zum nächsten Wettkampf über 800 m an." Ich entgegnete prompt: „Dann tun Sie's doch."

Gesagt, getan. Zwei Tage vor dem Lauf kam Herr Langrock zu mir und meinte: „Wenn du bei einem Wettkampf für uns startest, dann brauchst du noch etwas."

Er gab mir einen Karton mit der Bemerkung, ich solle mal hineinschauen und das Ganze dann ausprobieren. Was für eine Überraschung, es waren Spikes. Sollten die etwa für mich sein? Ich konnte es kaum fassen. Es waren wunderschöne Schuhe aus blauem Wildleder, und sie passten mir auf Anhieb wie angegossen. Er gab mir den Rat, sie noch etwas einzulaufen. Nichts lieber als das. Nach dem Training zu Hause angekommen, zog ich sie sofort an und lief hinaus auf die Wiese. Da ich das Gefühl, mit Spikes zu laufen, noch nicht kannte, blieb ich oft im Gras hängen und war froh, nicht auf die Nase zu fallen. Ich hoffte nur, keiner hatte meine ersten Laufversuche mit Spikes beobachtet und gesehen, wie ich mich angestellt hatte. Aber weit gefehlt. Die Nachbarn hingen bereits in den Fenstern, denn sie waren natürlich ebenfalls neugierig und fragten mich, was das für Schuhe seien. Stolz erzählte ich ihnen, dass ich damit meine nächsten Wettkämpfe bestreiten werde. Sicher war es riskant, so kurzfristig Spikes zum Wettkampf zu tragen. Aber zum Glück ging alles gut, und ich konnte einen Platz im Vorderfeld erzielen und lief persönliche Bestzeit.

An Bestzeiten brauche ich heute natürlich nicht zu denken. Das kann ich realistisch einschätzen. Unwillkürlich geht mein Blick zur Uhr. Der vertraute Schriftzug ‚Polar' auf dem Zeitmesser erinnert mich an Wolfgang Berrens von der Firma Polar. Ob er heute wohl auf der Anschlussveranstaltung dabei sein wird? Seit vielen Jahren versorgt Polar mich zuverlässig mit den neuesten Modellen Und die Entwicklung ist wirklich erstaunlich und hilfreich für uns Athleten. Seit es die kombinierten Uhren für Zeitmessung und Pulsmessung gibt, ist meine Uhr, gerade im Training, zu einem unverzichtbaren Begleiter für mich geworden.

Gleichgültig ob Bestzeithatz oder Trainingslauf, die Uhr ist immer dabei. Aber dieses Phänomen lässt sich ja bei Läuferinnen und Läufern jeglicher Leistungsklasse beobachten. Immer wieder der Blick zum Handgelenk, ob alles läuft wie geplant. Der Blick auf den Zeitmesser zeigt mir: Alles im grünen Bereich, ich bin auf Kurs. Dann kann es ja weitergehen, so allmählich auf die letzten fünfzehn Kilometer dieses

Rennens. Es macht richtig Spaß und ich genieße es, heute hier dabei zu sein. Wieder einmal in Japan die große Schleife zu rennen, tut mir richtig gut. Hier treffen zwei Dinge zusammen, die ich liebe – das Laufen an sich und das Laufen in Japan. Denn dieses Land hat für mich eine ganz besondere Bedeutung.

Japan, Land des Lächelns und des Marathons

Kurioserweise bin ich in Japan als Sportlerin bekannter als in Deutschland. Andererseits ist es auch wiederum kein Wunder. Denn Japan ist ein Marathonland. Die Begeisterung für den Marathonlauf ist riesengroß. Immer wieder beeindruckend ist die ungeheure Resonanz in der Bevölkerung. Als erfolgreiche Marathonläuferin ist man dort in einem viel größeren Maß als in Deutschland ein Begriff in der Öffentlichkeit. Insbesondere die sportliche Leistung wird allseits anerkannt. So bin ich immer wieder unglaublich gerne dorthin gefahren. Das gilt bis zum heutigen Tag.

Der Spaß beginnt oft schon direkt nach der Ankunft. Wenn ich in ein Taxi gestiegen bin, drehte sich der Fahrer nicht selten um, grinste mich an und meinte: „Dörre San?" Gleich weiß ich: Ich bin wieder in Japan, und das ist ein tolles Gefühl.

Auch beim Schaufensterbummel werde ich immer wieder angesprochen und um Autogramme oder Erinnerungsfotos gebeten. Und die Leute, die mich darum bitten, sehen beileibe nicht immer aus, als hätten sie viel mit Sport zu tun. Aber so ist es nun einmal in Japan. Hier interessieren sich auch diejenigen für Sport, die nicht unbedingt danach aussehen. Es ist keine Modeerscheinung, sondern eine tief verwurzelte Begeisterung. Das ist schon ein herrliches Gefühl.

Der Umgang mit dieser überschäumenden Begeisterung ist allerdings nicht immer ganz einfach, vor allem nach einem Wettkampf. Wer schon einmal einen Marathon gelaufen ist, der kennt das Gefühl: eine gewisse Zeit bist du noch aufgewühlt, hochgeputscht, aber dann kommt zwangsläufig der Moment der Erschöpfung. Mit einem Mal geht nichts mehr. Aus, vorbei. Dann möchtest du dich nur noch lang machen und die Beine ausstrecken. Aber das funktioniert nicht, wenn du Dörre San bist und in Japan einen der großen Stadtmarathons gewonnen hast. Dann geht es nämlich erst richtig los. Denn nach der offiziellen Siegerehrung gibt es obligatorisch das Bankett und eine Abschlussveranstaltung. Und diese Abschlussveranstaltungen haben es in sich. Stundenlang wirst du hier von Fans umlagert, die alle ein Autogramm wollen. Und für ein Foto mit dir wird schon mal die halbe Familie mit aufs Bild geholt. Und es kann dauern, bis alle, vom Opa bis zum Enkelkind, ins rechte Licht gerückt sind. Zum Setzen, zum Essen gar, kommst du überhaupt nicht.

Einerseits ist das natürlich ein schönes Gefühl, aber andererseits ist man ja wirklich müde. Letztlich lässt du dich aber dann doch von der Begeisterung, die es so nur in Japan gibt, anstecken, und dann muss das Bett halt noch warten.

Wer nun denkt, die Begeisterung der Japaner beschränkt sich nur auf das eigene Land, der irrt. Das durfte ich einmal hautnah erleben, als ich im Trainingslager in Davos weilte. Ich machte gerade meine Tempoläufe im Stadion und sprintete über die Laufbahn, da kam plötzlich eine Gruppe japanischer Touristen hereinspaziert. Mit Sport hatten die gar nichts am Hut, sie befanden sich auf einem Ausflug in die Berge. Wie und warum sie dann auf einmal bei meinem Training erschienen sind, weiß ich bis heute nicht. Aber sie waren nun mal in genau dem Stadion gelandet, in dem ich meine Runden absolvierte. In einer Pause zwischen den Tempoeinheiten konnte ich fragende Rufe vernehmen: „Dörre San? Dörre San?" Natürlich nickte ich grüßend hinüber und wollte mich dann weiter dem Training widmen. Aber da kamen schon alle auf mich zu. Die Berge waren uninteressant, die Gruppe blieb während des restlichen Trainings im Stadion und es wurden jede Menge Fotos mit einer vom harten Tempotraining etwas verschwitzten Katrin Dörre-San „geschossen".

Wen wundert's also, dass ich dieses Land und die Menschen dort so ins Herz geschlossen habe? Seltsamerweise war die Begeisterung für den Marathonlauf auch schon so groß, als die Japaner selbst noch gar keine so starken Läuferinnen hatten. So richtig aufgetrumpft haben die, wenn ich mich recht erinnere, zum ersten Mal im Jahr 1992. Aber dann kamen sie auch mit aller Macht und auf einen Schlag und sind bis heute zahlreich in der Weltspitze vertreten.

An die Veranstaltung in Osaka im Januar 1992 kann ich mich noch bestens erinnern, denn da wurde ich so richtig aufgemischt, was natürlich keinesfalls so geplant gewesen war. Im Jahr zuvor, am 27. Januar 1991, hatte ich den Lauf in Osaka in der Zeit von 2:27:43 gewinnen können. Und den Sieg hatte ich mir für 1992 natürlich auch wieder vorgenommen. Ich fühlte mich bestens vorbereitet und hatte mir das Ziel gesteckt, noch schneller zu sein als im Vorjahr.

Härteste Konkurrentin war in meinen Augen Ingrid Christiansen, die mit 2 Stunden 21 Minuten lange die Weltbestzeit im Marathon der Frauen hielt und zudem Weltmeisterin über 10.000 Meter war. Mir war klar: Wenn ich gewinnen will, darf ich Ingrid nicht so weit weg lassen. Aber leichter gedacht als getan. Sie lief unglaublich schnell an – 3:20 pro Kilometer und teilweise noch darunter, also ungefähr fünf Meter pro Sekunde. Trotz des Höllentempos blieb ich hinter ihr, allerdings mit gebührendem Abstand. Wer weiß, ob sie nicht vielleicht noch mehr Gas gegeben hätte, wenn ich dichter aufgelaufen wäre. Also hielt ich lieber respektvoll Abstand. Sehr bald stellte sich mir die Frage: Was tun? Zusammen mit meinem Trainer hatte ich geplant, zunächst diszipliniert in einer Gruppe zu laufen. Andererseits durfte ich Ingrid auch nicht zu weit weg lassen, denn das würde bedeuten, ich müsste alleine laufen, die Gruppe verlassen. Ich befand mich also in einer echten Zwickmühle. Aber ich fühlte mich ausgezeichnet, und so machte ich mich hinter Ingrid her. Sie lief vorneweg und ich in 150 bis 200 Metern Abstand hinter ihr. Auch den nächsten Fünf-Kilometer-Abschnitt absolvierten wir in 16:40. Beide liefen wir durchgängig eine Kilometerzeit von 3:20 völlig problemlos. Aus der Erfahrung heraus dachte ich, dass bei solch einem Tempo von hinten keine Gefahr droht.

Es gab immer mal eine einzelne japanische Läuferin, die mithalten konnte, aber bei dem angeschlagenen Tempo war selbst das an diesem Tag fraglich. So erreichten wir die Wendemarke nach der Hälfte der Strecke. Nichts Schlimmes ahnend wendete ich – und dachte plötzlich, mich trifft der Schlag. Keine 100 Meter hinter mir kam in gleichem Tempo ein ganzer Trupp japanischer Läuferinnen angefegt. Ich dachte nur noch: „Diese Massen sind hinter dir her – was tun?" In diesem Augenblick war ich ganz schön perplex. Dann spürte ich auch schon, dass ich dem Alleingang über viele Kilometer Tribut zollen musste – es kostet nun einmal viel Kraft, ständig alleine unterwegs zu sein. Natürlich spielte auch das vorgelegte Tempo eine Rolle. Ingrid Christiansen, die immer noch vorne lag, ging es offenbar genauso. Es war deutlich zu spüren, da sie sich nun immer wieder nach hinten umblickte. Das war für mich zunächst einmal ein Ansporn und so hielt ich trotz aufkommender Erschöpfung das hohe Tempo. Bei Kilometer 24 hatte ich Ingrid eingeholt und konnte sogar ohne große Probleme an ihr vorbeilaufen. Als ich sie passierte, rief ich ihr zu: „Komm Ingrid, lass uns gemeinsam weiter laufen." Aber sie war so platt, sie konnte einfach nicht mehr.

Kurze Zeit rettete ich noch den dahin schmelzenden Vorsprung, aber dann war es so weit. Die Gruppe der japanischen Läuferinnen flog heran und schob sich dann, eine nach der anderen, an mir vorbei. Ganz schnell wurde ich auf den achten Platz durchgereicht, ohne wirkliche Gegenwehr leisten zu können – ich war einfach kaputt. „Mist", dachte ich, „den Lauf hast du wohl in den Sand gesetzt." Natürlich gab ich dennoch nicht auf, sondern versuchte den Anschluss zu halten, so gut es eben ging. Nach und nach erholte ich mich ein wenig und konnte bis Kilometer 40 wieder aufschließen. Aber die Spitze war natürlich weg.

Letztlich kam ich als Dritte ins Ziel, in einer Zeit von 2:27:34, also sogar noch einen Tick schneller als im Vorjahr. Dieses Mal hatte es dennoch leider nicht zum Sieg gereicht. Und zu allem Überfluss wurde ich nach dem Passieren des Zielstrichs von meinem Trainer auch noch mit den Worten empfangen: „Mensch Katrin, heute hast Du alles falsch gemacht, was man nur falsch machen kann." Rumms – das zog mir endgültig den Teppich unter den Füßen weg, denn eigentlich war ich froh, noch den dritten Platz erreicht zu haben. Hätte der Trainer mit seiner Rüge nicht ein bisschen warten können? Aber im Nachhinein muss ich zugeben, er hatte Recht.

Wie sich herausstellte, war Ingrid noch vor dem Ziel ausgestiegen. In der Umkleidekabine habe ich sie dann gefragt: „Wieso bist du denn derart schnell angelaufen? Das war doch gar nicht nötig." Doch sie lachte nur und meinte: „Ach weißt du, hier ist die Lisa Ondieki schon mal so eine schnelle Zeit gelaufen und da dachte ich mir, das machst du heute auch mal. Ja, und du warst ja auch nicht gerade langsam unterwegs. War für uns wohl nicht so gut heute."

24th 川口マラソン

カトリン・ドーレ

サッポロビール

Startnummer mit Katrins Namen – auf japanisch

Der Lorbeerkranz für die Siegerin – ein japanischer Brauch

Ebenfalls Brauch in Japan – ein Original Samurai Helm für die Siegerin beim Osaka Marathon

Siegertorte für die ersten 3 beim Tokio- Marathon

Und noch ein –allerdings süßer – Brauch – Siegertorte für die ersten Drei in Tokio

1997 beim Sprechen des Eides der Sportlerinnen: ..."Wa Ta Schi Ta Tschi...

Japanische Polizistin ehrenhalber mit blondem Haar

Sie hat das total locker gesehen. Dieses Verhalten war mir völlig fremd – für mich war so ein Lauf immer eine sehr ernste Angelegenheit. Hätte ich zum Beispiel aussteigen müssen, wäre das für mich wirklich tragisch gewesen.

Dieser Lauf war für mich wie ein Wendepunkt. Denn in der Folgezeit waren die Japanerinnen immer in ganzen Gruppen sehr stark und bei den Marathons vorne dabei – allerdings war das keine Überraschung mehr für mich, ich war darauf vorbereitet. Und seit 1992 tobe ich nicht mehr vor dem Feld her, denn Osaka war mir eine Lehre.

Das sind so die Erfahrungen, die man im Laufe der Zeit sammelt. Gerade beim Marathonlauf kann man immer wieder beobachten, wie schmerzhaft die Einbrüche derer sind, die sich zu Beginn übernommen haben. Die Einteilung und Disziplin zu Beginn ist gerade bei dieser Langstreckenbelastung ungeheuer wichtig. Wenn dies beherzigt wird, dann können die Beine bis ins Ziel ihren zuverlässigen Dienst verrichten, ohne schlapp zu machen.

Kurz geht mein Blick nach unten, wo meine Füße – geziert von feinstem Material – sich im steten Rhythmus der Schritte heben und senken.

Einen kurzen Moment denke ich an ASICS, meinen Sponsor, der mich seit vielen Jahren unterstützt. Es ist schon sehr angenehm, wenn man sich um diese ganzen Dinge wie Schuhe und Laufbekleidung nicht kümmern muss. Und gerade mit dem Schuhwerk ist das ja oft so eine Sache. Kaum hast du ein paar Schuhe gefunden, die so richtig gut passen, ist das Modell auch schon wieder vom Markt verschwunden. Eigentlich müsste man sich gleich 10 Paar zulegen, wenn man einen guten Schuh gefunden hat. Ich selbst habe das einmal erlebt, als ich Probleme mit den Füßen hatte. Verzweifelt hatte ich nach einem bestimmten Paar gesucht, welches mir optimal passte. Es war nichts zu machen, diese Schuhe gab es einfach nicht mehr. Zu jenem Zeitpunkt war ich bereits bei ASICS unter Vertrag – und es handelte sich um ein Paar aus ihrer Kollektion. Die haben sich damals mächtig ins Zeug gelegt und weltweit gesucht – und tatsächlich noch so ein Paar aufgetrieben. Das war schon Klasse.

Bei einer anderen Gelegenheit hat ASICS ein paar Schuhe extra für mich anfertigen lassen, an der Seite war sogar mein Name eingestickt. Die habe ich heute noch zu Hause – als Erinnerungsstücke.

Aber jetzt heißt es den Blick wieder nach vorn zu richten. Wir erreichen gleich die nächste Wasserstelle. Die darf ich keinesfalls verpassen, ich will mich sowohl mit Flüssigkeit versorgen als auch etwas Wasser über den Kopf gießen, zur Abkühlung. Gerade wenn es so warm ist wie heute, ist Abkühlung sehr wichtig. Manchmal allerdings kann Abkühlung auch gründlich ins Auge gehen – im wahrsten Sinn des Wortes. Genau das ist mir 1983 beim Marathon in Karl-Marx-Stadt, dem heutigen Chemnitz, passiert.

Der Marathon fand am 30. April statt, also recht früh im Jahr, und die Witterung an diesem Tag war eher als kühl zu bezeichnen. Meine Mutti war damals dabei, um mich anzufeuern, was mich riesig gefreut hat. Es waren mehrere Runden zu laufen, und auf einer dieser Runden stand meine Mutti plötzlich an einer Verpflegungsstation. Sie hatte sich einen nassen Schwamm geschnappt und ihn mir, als ich auf sie zulief, so entgegengeschleudert, dass ich eine regelrechte Wasserfontäne abbekommen habe. Ich bin fürchterlich erschrocken, denn damit hatte ich überhaupt nicht gerechnet, und das Wasser war eiskalt. Ich war von Kopf bis Fuß klatschnass, und warm war es ja auch nicht gerade. ... „Mach' das bloß nicht noch mal", konnte ich ihr noch zurufen, dann war ich auch schon vorbei – wir haben später noch manches Mal herzhaft über diese Sache gelacht.

Aber es war schon toll, dass meine Mutti mich wieder einmal begleitete. Denn in den Jahren zuvor hatte sie leider nicht so häufig dabei sein können, wie ich mir das gewünscht hätte. Zu Beginn meiner ‚Lauferei' war das noch öfter der Fall gewesen, da meine Eltern auch der Betriebssportgemeinschaft angehörten. Dass ich später einmal meinen Lebensunterhalt mit Laufen würde bestreiten können, daran glaubte zu dieser Zeit noch niemand, nicht einmal ich selbst.

Und ich bemühte mich, trotz des größeren Trainingsumfangs weiterhin beste schulische Leistungen zu erbringen. Im vierten Schuljahr wurde ich endlich vom Jungpionier zum ‚stolzen Thälmannpionier'.

Das zunehmend intensivere Training erlebte ich als sehr positiv, da es eine gute Gelegenheit war, sich richtig auszutoben – und das hatte ich immer nötig – Gelegenheit, mich richtig auszutoben. In der Betriebssportgemeinschaft ‚Leipziger Verkehrsbetriebe‘ fand ich eine Gruppe von anderen sportbegeisterten Kindern, in der ich mich sehr wohl fühlte. Es dauerte nicht lange, da bemerkte unser damaliger Übungsleiter, welch ein sportliches Talent in seiner Gruppe heranwuchs.

Erste Ziele

1970-1974

Der Sport wurde neben der Schule immer wichtiger für mich Ich hatte mir vorgenommen, einmal ganz vorn dabei zu sein. Zum Training ging ich, auch in diesem Bestreben, wahnsinnig gern. Schließlich brachte es mich immer weiter voran. Was als ‚Hobby‘ begonnen hatte, wurde mir immer ernster.

Am Anfang meiner sportlichen Laufbahn hatte mein Übungsleiter, Herr Langrock, zunächst überhaupt nicht gewusst, was er mit mir anfangen sollte. Bis er dann in mir ein, wie er es nannte, ‚Lauftalent‘ entdeckte. Immer öfter fuhr ich mit zu Wettkämpfen, bei denen ich schon bald und dann immer häufiger ganz vorn landete. Eines schönen Tages wurde ich tatsächlich Bezirksmeisterin. Ich kann mich noch genau erinnern, wie unglaublich stolz ich war. Der Gedanke, dass der Sport einmal mein Beruf werden könnte, kam mir zu dieser Zeit allerdings noch nicht. Ganz im Gegenteil, meine diesbezüglichen Interessen und Pläne entwickelten sich in eine völlig andere Richtung.

Ich war immer noch eine sehr gute Schülerin, vor allem in Mathe. Meine Lieblingsfächer aber waren eindeutig die Wissenschaft und die Biologie. 1973 sollte dann ein Jahr werden, in dem mir endgültig klar wurde, was für einen Beruf ich einmal ergreifen würde – und mitnichten hatte das irgendetwas mit Sport zu tun. Im Sommer dieses Jahres verunglückte mein Vater. Er musste wochenlang im Krankenhaus liegen. Ich besuchte ihn oft und bekam so auch Kontakt zu anderen Patienten. Mit ihnen unterhielt ich mich angeregt über ihre Krankheiten und die jeweiligen Symptome. Kaum war mein Vater wieder zu Hause, musste meine Mutter überraschend operiert werden – die Besuche im Krankenhaus nahmen also kein Ende. Nachdem man sie an der Schilddrüse operiert hatte, fuhr ich noch am gleichen Tag in die Stadt, um nach ihr zu sehen. Niemals werde ich den Anblick vergessen, wie sie blass und klein in ihrem Bett lag. Fast täglich bin ich zu ihr gefahren, denn mein Vater konnte sie nicht besuchen, da er noch nicht wieder laufen konnte. Zum Glück ging es meiner Mutter bald wieder besser. Aufgrund der Beobachtungen bei meinen häufigen Besuchen im Krankenhaus beschloss ich, später auch einmal kranken Menschen zu helfen. Es muss doch ein tolles Gefühl sein, Kranken zu helfen und ihnen die Lebensfreude zurückzugeben.

Mir war aber klar, dass ich zunächst einmal sehr gute Leistungen in der Schule bringen musste, um später eine gute Ärztin werden zu können. So hatte ich gut zu tun mit Lernen und Trainieren, aber meine Ziele waren klar.

Als hätte der Zufall Regie geführt, laufen wir in diesem Moment an einem großen Krankenhaus vorbei. In vielen Fenstern sind Patienten zu sehen, die den Lauf verfolgen und uns zuwinken. Es hätte leicht passieren können, denke ich, dass ich, statt hier zu laufen, in einem solchen Krankenhaus Dienst getan hätte. Wie wäre das denn jetzt wohl? Tja, was wäre wenn?

Einige Male war ich drauf und dran, meine Karriere als Läuferin zu beenden. Die Frage stellt sich natürlich – was wäre aus Katrin Dörre-Heinig denn geworden, wenn sie nicht als Läuferin Erfolg gehabt hätte und somit das Laufen zum Beruf hätte machen können?

Es ist mit ziemlicher Sicherheit davon auszugehen, dass ich in diesem Fall mein Studium intensiviert hätte. 1981 hatte ich ein Medizinstudium aufgenommen, das ich aber, bedingt durch die intensive sportliche Betätigung, nur mit Unterbrechungen betreiben konnte und das sich entsprechend in die Länge zog. Dieses Studium hätte ich vermutlich engagierter zu Ende geführt. Im Grunde sollte man aus heutiger Sicht je-

doch froh sein, dass ich letztendlich beim Sport geblieben bin, denn sonst hätte ich womöglich den einen oder anderen Leser mal unters Messer bekommen. Und ob das so gut gewesen wäre?

Wenn die Nerven blank liegen

Im Rahmen unseres Studiums war auch die Anatomie ein wichtiges Thema. Allerdings waren, gerade zu Zeiten der DDR, uns die Grenzen hierbei sehr eng gesteckt und die Regeln, wie wir Studenten uns zu verhalten hatten, ganz eng gefasst. Man kann das ja auch verstehen, schließlich arbeiteten wir oft mit echten Leichen, und da gehört sich einfach ein bestimmtes Verhalten. Normalerweise habe ich mich auch peinlich genau daran gehalten, aber einmal war es einfach nötig, die Spielregeln ein wenig zu meinen Gunsten auszulegen.

Wir hatten nämlich Prüfung in Anatomie, und ich war dazu auserkoren worden, den ‚Nervus Vagus' zu bestimmen. Der Nervus Vagus ist ein Nervenstrang, der vom unteren Teil des Körpers der Länge nach durch diesen hindurch und dann durch den Hals verläuft. Meine Aufgabe war es, am Hals zu zeigen, wo exakt dieser Nervenstrang verläuft. Eigentlich war ich recht zuversichtlich. In diversen Büchern hatte ich den Verlauf des Nervus Vagus studiert. Immer waren es anschauliche Abbildungen gewesen, in denen der gesuchte Nerv als bunt markiertes Band gekennzeichnet war. Nun aber stand ich vor dem toten Körper, der vor mir auf der Pritsche lag, und war völlig ratlos. Alles war einheitlich käsig weiß. Nichts zu sehen von in der Halsgegend verlaufenden bunten Nervensträngen. Wie um Himmels Willen sollte ich denn hier bloß den Nervus Vagus finden?

Mit einem Mal kam mir eine Idee. Schließlich handelt es sich um einen Nerv, der nicht nur im Hals, sondern auch von unten her kommend durch die Bauchhöhle verläuft. Und die war, wie üblich bei unseren Anatomieobjekten, natürlich geöffnet, denn alle inneren Organe waren dem Toten entnommen worden. Diesen Umstand gedachte ich mir zunutze zu machen. Recht schnell hatte ich den Nervus Vagus in der Bauchhöhle entdeckt, zögerte nicht lange und zog an dem Nervenstrang. Da! Deutlich sichtbar zeigte sich als Folge ein Zucken im

Halsbereich. Ich zog gleich noch einmal. „ Bitte schön, Herr Professor", sagte ich dazu, „da ist er, der Nervus Vagus", und zeigte auf die zuckende Stelle. Was soll ich sagen? Begeistert zeigte sich mein Lehrer nicht, aber immerhin ließ er mich nicht durch die Prüfung fallen. „Frau Dörre," sagte er, „toll ist das nicht, was sie mir da bieten. Aber immerhin haben sie sich zu helfen gewusst. Ich rate Ihnen allerdings dringend, bevor sie Ihr Können an lebenden Menschen erproben, eine andere Methode zur Lokalisierung gesuchter Nervenstränge anzuwenden."

Ein frühes Vorbild

Trotz dieses kleinen Kunstgriffs kann man sagen, dass ich schon sehr ernsthaft und fleißig bei der Sache war. Ich hatte schon immer einen ziemlichen Leistungswillen. Wenn ich mir etwas vornahm, dann setzte ich auch alles daran, die Ziele zu erreichen.

Eine weitere Eigenschaft, die sich wie ein roter Faden durch mein gesamtes Leben zieht, ist die aufmerksame und kritische Beobachtung meiner Umwelt, aber auch meines eigenen Handelns. So ist es nicht verwunderlich, dass eine Beobachtung, die ich bereits als Kind zu Hause machte, mir klar vor Augen führte, wie gut es mir im Grunde ging und wie groß die Verpflichtung daher für mich war, nach Erfolg zu streben und aus meinem Leben etwas zu machen. In dem Haus, in dem wir damals wohnten, kam ein behindertes Kind zur Welt. Ein Junge, der keine Füße und nur eine Hand hatte. Durch die Unterstützung seiner Familie und mit eisernem Willen schaffte er es, seiner Behinderung zu trotzen und seinen Weg im Leben zu finden. Dieser Wille, dieses Streben, hat mich damals tief beeindruckt. In einem Schulaufsatz schilderte ich den Einfluss auf mein eigenes Leben so:

„Ich bewunderte Karsten so, weil er stets versuchte aus seinem Leben etwas zu machen, nicht verzagte und sich immer wieder in die Gemeinschaft einbrachte. Ich meine, wenn es einem Menschen, der durch sein Schicksal in den Augen der anderen zum Scheitern verurteilt ist, gelingt, so viel aus sich zu machen, muss doch ein Gesunder erst recht in der Lage sein, all seine Kraft zum Gelingen eines wertvollen Lebens zu mobilisieren. Deshalb habe ich mir folgenden Satz zum Leitmotiv gemacht: ,Mach' aus deinem Leben was – denn du hast nur eines'."

Gerade auch bei Rückschlägen im Sport rufe ich mir diesen Satz immer wieder in Erinnerung.

Als Ergebnis meiner ehrgeizigen Bemühungen schaffte ich es, im Jahr 1974 auf die Kinder- und Jugendsportschule Leipzig ,delegiert' zu werden. Zunächst war ich ungeheuer stolz darauf, Schülerin der Ernst-Thälmann-Oberschule zu sein. Aber so ganz, wie ich es mir an dieser Sportschule vorgestellt hatte, entwickelte es sich dann doch nicht. Ich wurde einem Trainer zugeteilt, der eine Vorliebe für die Wurfdisziplinen hatte. Das war nun einmal nicht gerade der Bereich, der mir besonders viel Spaß machte. Schon bald fühlte ich mich als Läuferin nicht mehr wohl und hatte den Eindruck, vernachlässigt zu werden. Als Folge ließen auch meine Leistungen spürbar nach. Das blieb den Verantwortlichen natürlich nicht verborgen, und schließlich kam es zu einer Aussprache. Zum Glück war man mir wohl gesonnen, und mir wurde erlaubt, wenn es zeitlich passte, in der Parallelklasse mit zu trainieren. Umso erleichterter war ich, als man mich in der achten Klasse der Trainingsgruppe Lauf zuteilte. Endlich konnte ich mich wieder voll und ganz dem geliebten Laufen widmen.

Achte Klasse - Jugendzeit

Ich war sehr froh, als ich im Herbst 1975 mit 14 Jahren in der achten Klasse zur Trainingsgruppe Lauf wechseln durfte und endlich wieder einen richtigen ,Lauftrainer' hatte. In dieser Gruppe lebte ich mich sehr gut und schnell ein. In der Gruppe trainierte auch die ein Jahr ältere Verena Nöllgen, die ich schon bald zu meinem Vorbild erkor. Sie trainierte sehr viel und forderte sich nicht nur im Wettkampf, sondern regelmäßig auch beim Training hart. Das imponierte mir. Gerne hätte ich sie einmal in einem Wettkampf besiegt, aber das gelang mir nicht, sie war damals einfach zu stark für mich. Allerdings war dieser Anreiz für meine sportliche Zukunft sehr förderlich, denn dadurch lernte ich schon im Training das Kämpfen.

Bald stellten sich meine ersten größeren Erfolge ein. Noch in der achten Klasse gelang es mir, DDR-Meisterin mit der 4 x 800-Meter-Staffel zu werden und den dritten Platz in der Halle über die 1500 Meter zu erringen. Diesen dritten Platz konnte ich im Sommer in der Freiluftsaison über die gleiche Distanz wiederholen.

1977 – im neunten Schuljahr –stand dann für mich zum zweiten Mal die Spartakiade auf dem Programm. Die Spartakiade war eine Art DDR-Meisterschaft in allen Sportarten. Es gelang mir, zweimal den ersten Platz zu erringen, über 1500 Meter und mit der 4 x 400-Meter-Staffel. Zudem errang ich noch einen guten dritten Platz über die 800 Meter. Über diese Ergebnisse war ich überglücklich. Es sollte aber noch besser kommen. Aufgrund meiner Leistungen nominierte man mich für die ,Jugendwettkämpfe der Freundschaft', eine gemeinsame Sportveranstaltung verschiedener Ostblockländer. Ich traf auf junge Sportlerinnen und Sportler aus Rumänien, Bulgarien, der Sowjetunion und anderen sozialistischen Ländern. Und das Schönste war: Da es sich um einen internationalen Wettkampf handelte, nahmen wir natürlich als nationale Vertretung unseres Landes teil. Es war ein unglaubliches Gefühl für mich, zum ersten Mal im offiziellen DDR-Sportdress anzutreten. Als beste Platzierung schaffte ich zwar ,nur' einen fünften Platz, aber dies war ja auch meine erste internationale Bewährung. Daher war ich sehr stolz, als man mir zu dieser Platzierung gratulierte. In diesem Moment nahm ich mir fest vor, noch sehr oft für mein Land an den Start zu gehen, gut abzuschneiden und so dafür zu sorgen, das Ansehen der DDR zu stärken.

Neben den Trainingsbemühungen nahmen aber auch die Anforderungen in der Schule stetig zu. In der zehnten Klasse ging alles noch sehr gut. Ich konnte dieses Schuljahr mit dem Prädikat „Auszeichnung" abschließen und bekam hierfür die Lessingmedaille in Gold verliehen. Das spornte mich an, nun, da es auf die entscheidenden drei Abiturjahre zuging.

Allmählich stellte sich das Problem, Training und Schule unter einen Hut bringen zu müssen. Denn sehr oft fuhren wir ins Trainingslager, und das bedeutete natürlich in erheblichem Umfang Unterrichtsausfall. Damit der Trainingsbetrieb nicht zu große Versäumnisse zur Folge hatte, gab es bei uns eine prima Regelung. Unsere Lehrer gaben uns in allen Fächern Hausaufgaben für den anstehenden Zeitraum mit. Diese bearbeiteten wir dann jeden Tag mit ‚Trainingslager-Lehrern'. Und manchmal war es dann so, dass wir im Trainingslager besser vorankamen als die anderen zu Hause. Mir war das recht, denn ich hatte das Ziel, ein gutes Abitur zu schaffen. Schließlich hatte ich ja Pläne in Bezug auf meine berufliche Zukunft, und dafür brauchte ich unbedingt ein gutes Abitur. Viel freie Zeit blieb mir somit nicht, aber ich war entschlossen, etwas aus meinem Leben zu machen, sowohl sportlich als auch schulisch und beruflich.

Wenn ich damals geahnt hätte, was sich aus dieser Jugendbegeisterung einmal entwickeln sollte, wäre ich vermutlich ganz schön erschrocken gewesen. Dass ich irgendwann als Spitzenläuferin weltweit bei den größten Läufen starten würde, war einfach unvorstellbar. Und es ist schon irre, was bei diesen großen Läufen so los ist. Sowohl auf als auch an der Strecke. Eine regelrechte Massenbegeisterung für den ‚langen Kanten' ist das ja mittlerweile geworden. Und in der Vorbereitung nehmen auch Breitensportler an regelrechten Trainingslagern teil, bei denen sie sich unter fachlich qualifizierter Aufsicht auf die Läufe vorbereiten. Wenn ich da so an die ersten Trainingslager zurückdenke, an denen ich noch als Schülerin teilgenommen habe, das waren schon tolle Zeiten ...

Als Folge der Leistungsentwicklung und zur weiteren Förderung stand immer häufiger die Teilnahme an Trainingslagern an. Es waren neue und aufregende Erfahrungen, die man dort sammeln konnte. Zwar hatten die Trainingslager ihre Schattenseiten, insbesondere was die Abwesenheit vom Unterricht betraf, aber sie boten natürlich auch willkommene Abwechslung. Gerade im Winter, wenn sonst nur Hallentraining stattfinden konnte, lernten wir Mädchen es schätzen, zur Abwechslung einmal alternative Trainingsformen auszuüben. Und am meisten Spaß machte dabei das Skifahren. Abgesehen vom Spaßfaktor hatte das Skifahren auch unter Aspekten des Trainingserfolges sehr positive Auswirkungen. Denn regelmäßig stellten wir bei den darauf folgenden Hallenwettbewerben fest, dass wir beim Laufen ‚richtig gut drauf' waren. Ein Trainer bemerkte einmal: „Die laufen ja unheimlich schnell, aber irgendwie komisch – so eckig!" Und schnell waren wir wirklich. Allerdings nicht nur bei den Laufwettbewerben, sondern auch beim Skifahren. Und im Gegensatz zum Laufen war die auf Skiern erreichte Geschwindigkeit nicht immer auch tatsächlich so geplant.

Alternative Trainingsformen – Downhill

Einmal haben wir im Rahmen unserer Skitrainings an einem Wettbewerb teilgenommen – dem Rennsteiglauf. Eigentlich nur unter Trainingsaspekten. Wir fuhren hin und sind zu fünft oder sechst mit unseren Skiern losgesaust. Ungefähr 15 waren wir damals. Gleich zu Beginn ging es einen steilen Anstieg hinauf. Und der musste zum Schluss in umgekehrter Richtung wieder bewältigt werden. Unser Trainer hatte hierfür klare Anweisungen gegeben – Skier abschnallen und runter tragen – sonst ist es zu gefährlich.

Ich war damals recht gut auf den Brettern unterwegs und bin den anderen allmählich davongefahren. Auf dem Rückweg kam ich dann alleine wieder an den Berg. Im Eifer des Gefechts bekam ich dies zunächst aber gar nicht mit und fuhr weiter. Und natürlich wurde ich immer schneller. Zuerst fand ich das toll, bis ich bemerkte, was los war. Ich war nun viel zu schnell, um noch stoppen zu können. Und unten erwartete mich eine scharfe Rechtskurve. Voller Panik brüllte ich aus Leibeskräften, damit die dort stehenden Zuschauer Platz machten – ich sah nämlich keine Möglichkeit, die Kurve noch zu bekommen. Die Zuschauer lachten zuerst, bis sie merkten: Die Sache ist ernst. Gerade noch rechtzeitig sprangen sie zur Seite und ich wurde aus der Kurve getragen. Zum Glück passierte nichts; ich konnte den Lauf sogar fortsetzen und erreichte nach 50 Kilometern das Ziel weitestgehend wohlbehalten. Aber es war mir eine Lehre, die Worte meines Trainers künftig ernst zu nehmen.

Vom Skifahren sind wir allerdings im Moment so weit entfernt wie vom Mond. Die Sonne strahlt vom Himmel und die Temperaturen sind mehr als frühlingshaft. Es macht wirklich Spaß, bei solch einem Wetter zu laufen. Nach Passieren der 28-km-Marke ist nun wieder eine Weile nichts Spektakuläres zu erwarten. Ich laufe genau nach Plan, fühle mich richtig gut und genieße es, hier zu sein und bei diesem herrlichen Wetter zu laufen. Wobei der Sonnenschein durchaus auch seine Tücken haben kann, was ich am 13. April beim Weltcup in Hiroshima am eigenen Leib erfahren musste.

Nachdem der Lauf vorbei war, spürte ich zunehmend Schmerzen, mit denen ich überhaupt nichts anfangen konnte. Müde und schmerzende Beine und Füße habe ich öfters, aber mir taten Rücken und Schultern weh, und ich wusste gar nicht warum. Habe ich mich denn irgendwo gestoßen, fragte ich mich, hatte aber keine Idee. Woher kamen also die Schmerzen?

Der Grund war folgender: An den Tagen vor dem Lauf hatte schlechtes Wetter geherrscht. Aber am Wettkampftag brach die Sonne durch – eine strahlende Frühlingssonne. Darauf war niemand eingestellt, und viele Läuferinnen holten sich in den zweieinhalb Stunden einen ordentlichen Sonnenbrand. Alles in allem laufe ich bei schönem Wetter aber schon lieber.

Diese Läufe muss man einfach genießen, denn es kann einen genauso schnell auch andersherum erwischen. Wenn ich da zum Beispiel an den Marathon-Weltcup denke, der im April 1987 in Seoul ausgetragen wurde – au weia. Wir waren als DDR-Mannschaft angetreten und hatten die Aufgabe, zum einen, zu gewinnen – klar, was auch sonst als DDR-Team – und zum Zweiten, die Norm für die WM im Sommer zu laufen. Leider hatten unsere Funktionäre dies nicht mit dem Wettergott abgestimmt – die Bedingungen waren katastrophal – es herrschte Sturm. Keine guten Voraussetzungen also, einen schnellen Lauf hinzulegen. Wir liefen wie im Gänsemarsch. Wie an einer Perlenkette aufgereiht suchte jede Schutz im Windschatten der vor ihr laufenden Konkurrentin – keine wollte an die Spitze gehen. Im Pulk liefen wir auf diese Weise eine sehr langsame erste Hälfte. Auf der zweiten Hälfte kam der Wind dann von hinten. Daher war kein Windschattenlaufen mehr nötig; ich ging nach vorne und begann Druck zu machen, um doch noch die Norm zu schaffen. Aber der erste Abschnitt hatte einfach zu viel Kraft gekostet. Als die Ivanova dann das Tempo erneut verschärfte, konnte ich nicht mehr dranbleiben, kämpfte allerdings weiter um den zweiten Platz. Endlich erreichten wir das Stadion, ich als Zweite, das Ziel schon vor Augen. Da spürte ich auf einmal jemanden von hinten kommen. Verdammt, auf den letzten Metern wollte man mir den zweiten Platz streitig machen – ich versuchte zu beschleunigen, noch einmal das Tempo anzuziehen, aber es ging einfach nicht mehr. Die Beine verweigerten den Gehorsam. So lief tatsächlich auf den letzten Metern eine Französin noch an mir vorbei und ich schaffte nur den dritten Platz – und verfehlte auch noch die angestrebte Norm, wenn auch nur um eine Minute. Na ja, wenn die Beine nein sagen, ist halt nichts mehr zu machen.

Auch solche Lektionen musste ich im Verlauf meiner Karriere lernen. Wenn der Körper nein sagt, dann sollte man auch auf ihn hören. Gerade zu Beginn fiel mir das mitunter recht schwer. Der ausgeprägte Ehrgeiz, der aus meinen Zukunftsplänen resultierte, hatte somit nicht nur Vorteile, sondern bereitete mir durchaus auch Probleme. Denn in meinem Trainingseifer vermied ich es, dem Trainer zu sagen, wenn es mir einmal nicht so gut ging.

Dies passierte auch im Jahr 1978, im zehnten Schuljahr, als ich so versessen auf die Teilnahme an den DDR-Juniorenmeisterschaften war, dass ich trotz einer Angina an den Start ging. Das konnte natürlich nicht gut gehen. Ich vermasselte den Lauf gründlich, was sehr ärgerlich war. Viel schlimmer war jedoch, dass ich kurz darauf gravierende Probleme bekam. Ich fühlte mich ständig unwohl, aber niemand bekam die Sache in den Griff.

Dies führte letztlich bis zu einer notwendigen Kur in Kreischa. Dort erkannte man das Problem zum Glück schnell – ich litt unter akutem Eisenmangel. Nach Verabreichung der richtigen Medikamente ging es mir bald wieder besser. Dennoch war klar, dass die sportlichen Leistungen in diesem Jahr in den Keller sackten und ich zunächst auch keine Möglichkeit sah, wieder an das frühere Leistungsniveau heranzukommen. Das traf mich als mittlerweile 17-jährige und stets am Erfolg orientierte Sportlerin sehr hart.

In dieser Zeit dachte ich oft daran, aufzuhören. Wie sollte ich denn den Anschluss an die Spitze wieder schaffen? In was hatte ich mich durch eigenes Verschulden bloß hineinmanövriert?

Damals war ich immer öfter resigniert, wenn es beim Training einfach nicht weiterging. Zum Glück gab mein Trainer dem nicht nach, sondern forderte in diesen Situationen immer mehr von mir. Und das war gut so. Dadurch spürte ich, dass man mich noch nicht abgeschrieben hatte. Auch meine Eltern machten mir Mut und rieten mir, es noch einmal zu versuchen. Ich beschloss also, wieder von vorn zu beginnen, nahm mir aber vor, wenn es nicht binnen eines halben Jahres zu spürbar besseren Leistungen käme, dem Sport Ade zu sagen. Gleichzeitig schwor ich mir, niemals wieder durch falschen Ehrgeiz mir selbst ein Bein zu stellen. Und es ging wirklich aufwärts.

In der elften Klasse lief es dann endlich wieder sehr gut für mich. Im Winter 1978/1979 konnte ich fast jeden Hallenwettkampf für mich entscheiden. Es ging also doch noch. Und so ging es in das Jahr 1980 und damit begannen auch die letzten beiden Schuljahre. Jetzt kam es darauf an, eine vernünftige Ausgangsbasis für das spätere Leben zu erarbeiten. Anstrengende Monate kündigten sich an. Sowohl im schulischen als auch im sportlichen Bereich ging es richtig rund. Und auf beiden Gebieten gelang es mir, erstklassige Leistungen abzuliefern.

Wie ich das damals alles schaffte, frage ich mich bisweilen heute noch. Letztlich war es eine immense Doppelbelastung, die ich in diesen jungen Jahren zu bewältigen hatte. Eine Erklärung ist mit Sicherheit in meiner inneren Einstellung zum Leben zu suchen und darin, was ich daraus machen wollte. Ich wollte eine erfolgreiche Sportlerin werden – und ich wollte als Ärztin den Menschen helfen. Diese beiden Ziele prägten in hohem Maße mein Handeln.

Im Jahre 1980, bevor es mit der sportlichen Karriere so richtig losging, musste ich im Rahmen einer schulischen Arbeit eine Rückschau auf mein Leben bis zu jenem Zeitpunkt erstellen. Wenn ich mir das heute anschaue, fällt mir auf, dass ich zu jenem Zeitpunkt den Sport zwar als ein sehr wichtiges Element in meinem Leben betrachtete, aber in keiner Weise daran dachte, einmal meinen Lebensunterhalt damit zu verdienen. Das wäre im damaligen DDR-System auch gar nicht möglich gewesen. Nach wie vor spielte der Gedanke an ein medizinisches Studium die größte Rolle in den Planungen, eine Vorstellung also, die ich bereits seit den frühesten Jahren hegte.

Liest man heute diesen Aufsatz, so beantwortet sich eine immer wieder gestellte Frage von selbst: Was war die Voraussetzung für die spätere Karriere?

Sicherlich müssen bestimmte Anlagen gegeben sein, um den Sport entsprechend erfolgreich ausüben zu können. Eine mindestens ebenso wichtige Rolle spielt aber die innere Einstellung zu dem Ziel, erfolgreich zu sein. Um in der Weltspitze mitlaufen zu können, muss man bereit sein, sein Leben, den gesamten Rhythmus, dem Leistungssport und dem Training unterzuordnen. Ich war dazu immer bereit. Der Leistungsgedanke war mir von frühester Jugend an ein vertrautes Element in meiner Lebensplanung. Was ich damals an Gedanken formulierte, um meine beruflichen Pläne zu erreichen, traf später dann in vollem Umfang zu. Zwar nicht in Bezug auf den ins Auge gefassten Beruf, aber im Hinblick auf das, was schließlich mein Beruf werden sollte, das Laufen.

Einen alten Schulaufsatz hierzu habe ich mir in meinen Unterlagen aufbewahrt. Ich sollte mein Verhältnis zum Sport beschreiben, und bis heute finde ich mich in diesen Zeilen wieder.

Ich will den Erfolg

Der Sport hat mir sehr viel gegeben. Heute (1980) kann ich mir gar nicht mehr vorstellen, wie meine Entwicklung ohne ihn verlaufen wäre. Ich kann mich in jeder Minute des Trainings testen, meine charakterlichen und kämpferischen Stärken und Schwächen überprüfen. Durch den Leistungssport wird man hart gegen sich selbst. Man erlangt neue Willensqualitäten und Charaktereigenschaften, die auch im weiteren Leben von Nutzen sind. Abends, nach einem intensiven Tag, weiß ich dann, ob ich meine Trainingsaufgaben erfüllt habe. Das ruft bei mir stets ein Gefühl der Zufriedenheit hervor. Wenn doch einmal gegammelt wurde, tut mir die vergeudete Zeit noch lange leid. Deshalb bin ich bemüht, die mit zur Verfügung stehenden Stunden bestmöglich auszunutzen, vor allem, weil ich auch sehr wenig Freizeit habe.

Trotz des Sports finde ich Gelegenheit, meinen Hobbys nachzugehen. So treffe ich mich mit Freunden, um gemeinsam ins Kino zu gehen und Veranstaltungen zu besuchen. Auch wenn ich auf vieles verzichten muss und meinen Lebensstil ganz auf den Leistungssport ausrichte, bedeutet das für mich keine harten Entbehrungen. Was der Sport für mich bedeutet, wird mir klar, wenn ich mich mit ehemaligen Klassenkameraden, die schon früher die Schule verlassen haben, unterhalte. Wenn man in unserem Alter, noch unter zwanzig, das Leben langweilig findet, dann fehlt es doch augenscheinlich an einer Herausforderung, in der man sich bewähren und bestätigen kann und die einen ausfüllt. Vielen gefällt ihre Arbeit nicht und sie gehen nur notgedrungen hin. Es ist doch schlimm, schon jetzt eine solche Einstellung zum Beruf zu haben. Der wird ja immerhin in Zukunft mein Dasein ausfüllen und mich das halbe Leben lang beschäftigen. Natürlich möchte ich, dass mir mein Beruf einmal Freude bereitet und ich darin immer wieder etwas Neues entdecken und mir viel abverlangen kann. Ich möchte einmal mithelfen, medizinische Probleme zu lösen und Kranken zu helfen. Mein Wunsch ist es, eine gute Ärztin zu werden, und ich will meine ganze Kraft einsetzen, um dieses Ziel zu erreichen. Unser Staat ermöglicht diese Ausbildung – das Medizinstudium – und ich habe die Absicht, diese Chance zu nutzen und mich entsprechend zu engagieren.

Na ja, man hat uns sicherlich vieles ermöglicht, aber manchmal war es auch geradezu abenteuerlich, was man uns zugemutet hat. Die DDR war da schon so ein Fall für sich, gerade was Reisen ins Ausland angeht. Heutzutage laufe ich ganz unbefangen, wo immer ich auf dieser Welt laufen will. So wie heute hier zum Beispiel. Da muss ich nicht lange fragen oder um Erlaubnis bitten, es ist einfach selbstverständlich. Zu Beginn meiner ,Laufzeit' war das noch ganz anders. Ich weiß noch genau, wie ich mir ein besonders ehrgeiziges Ziel gesetzt hatte: Ich wollte zum ersten Mal im Ausland starten.

Gelegenheit hierfür bot die Junioreneuropameisterschaft 1979 im polnischen Bydgoszcz. Die Wettkämpfe sollten im August stattfinden. Vorher, bereits im Mai und Juni, gab es die nationalen Ausscheidungen. Aber ich war eben leider gesundheitlich vom Pech verfolgt gewesen und nach der Kur in Kreischa noch nicht wieder erholt genug. Der Eisenmangel hatte seine Spurten hinterlassen. Trotz der verabreichten Präparate reichte die Zeit nicht mehr, um fit zu werden. Somit waren die Ausscheidungen für mich gelaufen, ohne dass ich mich qualifizieren konnte.

Zwar lief ich im Laufe des Jahres noch zu absoluter Topform auf und gewann die DDR-Spartakiade 1979 in neuer Bestzeit. Der Zug nach Polen allerdings war abgefahren. Ich hatte zum geforderten Zeitpunkt die Leistung nicht erbracht und alles Weitere zählte nicht. Wieder einmal musste ich eine bittere Pille schlucken. Mittlerweile hatte ich allerdings besser gelernt, mit derartigen Enttäuschungen umzugehen. Gemäß meinem Leitsatz „Mach aus deinem Leben was – du hast nur eines!" ließ ich mich nicht entmutigen und widmete mich auch weiterhin intensiv dem Sport. Irgendwann hatte ich dann aber den Anschluss wieder gefunden und gewann im folgenden Winter alles, was zu gewinnen war. Ich durfte sogar aufgrund meiner Erfolge bereits inoffiziell in der Frauenklasse starten.

Endlich in der Frauenklasse

Im Jahr 1980 kam ich dann ganz offiziell in die Frauenklasse. Hier wartete eine gänzlich neue Art von Konkurrenz auf mich. Um den Abstand zur DDR-Spitze zu verringern, war es notwendig, Trainingsdisziplin und Willenskraft konsequent in die Verbesserung der Leistungen umzusetzen.

Gleichzeitig begann in der zwölften Klasse die ernsthafte Vorbereitung aufs Abitur. Trotzdem bemühte ich mich, neben Sport und Schule auch den sonstigen sozialen Kontakt nicht zu vernachlässigen. Oft besuchte ich mit Freundinnen das Kino, und nach dem Film diskutierten wir dann häufig noch lange darüber.

Sportlich hatte sich mit Beginn des Jahres 1980 eine ganze Menge für mich geändert. Nicht nur, dass ich in der erheblich anspruchsvolleren Frauenklasse lief, zusätzlich hatten wir im Januar 1980 einen neuen Trainer bekommen. Unser bisheriger Trainer, Herr Neuhof, war ins ‚wissenschaftliche Zentrum' versetzt worden. Das versetzte uns erst einmal einen Schlag. Unser alter Trainer war einfach spitze gewesen. Immer war er um uns bemüht und gab uns gute Ratschläge, nicht nur beim Sport. Wir konnten mit all unseren Sorgen und Problemen zu ihm kommen. Ich jedenfalls hatte absolutes Vertrauen zu ihm. Wenn er nicht gerade mit der Stoppuhr neben der Bahn stand, konnte man mit ihm reden wie mit einem guten Kumpel. Er hat mir vieles auf meinen Lebensweg mitgegeben, nicht nur im sportlichen Bereich. Für mich war er wie ein zweiter Vater. Ich werde mich immer daran erinnern, wie er zu uns sagte: „Ihr jungen Menschen sollt träumen können. Aber wichtig ist, dabei mit beiden Beinen fest im Leben zu stehen. Unser Staat gibt euch alle Möglichkeiten, diese Wünsche und Hoffnungen zu verwirklichen. Tun müsst ihr es aber selbst." Und er war jetzt leider nicht mehr da. Umso schwerer fiel es mir, mich an den neuen Trainer zu gewöhnen. Ich war damals der festen Meinung, er würde niemals die Stelle meines alten Trainers einnehmen können.

Warum eigentlich müssen Schulen oft so unfreundlich aussehen? Gerade eben hat die Strecke an einer Schule vorbeigeführt, und ich habe Gelegenheit gehabt, beim Passieren dieses Bildungsinstitut gründlich zu betrachten. Also schön war es wirklich nicht. Eigentlich müssten solche Orte, an denen junge Menschen auf das Leben vorbereitet werden, doch freundlich sein. Hell und willkommen heißend. Bei uns war es auch so, dass die Schulen graue und triste Kästen waren. Aber man musste dennoch Tag für Tag hin, ob schön oder nicht, und Leistung bringen. Denn alles andere konnte gravierende Auswirkungen auf das gesamte spätere Leben haben. Besonders an eine Situation kann ich mich sehr deutlich erinnern.

Neben den Problemen mit dem neuen Trainer gab es plötzlich zum ersten Mal ernste Schwierigkeiten in der Schule. Und das hätte gewaltig ins Auge gehen können Im Leben eines jeden Menschen gibt es Scheide-

wege. Situationen, in denen der Verlauf des Lebens entscheidende Wendungen erfährt – oder eben auch nicht.

Nicht anders erging es auch mir. Einen solchen Scheidepunkt erlebte ich damals. Und es ist nicht auszuschließen, dass mein Leben, hätte damals nicht das Glück eine entscheidende Rolle gespielt, ganz anders verlaufen wäre. Im Nachhinein betrachtet handelte es sich im Grunde um eine Ansammlung mehrerer Nichtigkeiten, aber zusammen genommen hätten diese Kleinigkeiten großes Pech für mich bedeuten können. Auch wenn ich zu dieser Zeit bereits zu den Top-Sportlerinnen der DDR gehörte, gab es für Verstöße, gleich welcher Art, keinerlei Pardon. Die Regeln mussten eingehalten werden, das war ein unumstößliches Gesetz. Und ich war nun einmal bisweilen etwas großzügig in der Auslegung solcher Regeln, wobei ich in diesem Fall wirklich nichts dafür konnte.

Der Direktorenverweis

Ausgangspunkt der Verkettung unglücklicher Ereignisse war das Protokoll einer Chemiestunde, das ich abliefern sollte. Für die Erledigung dieser Aufgabe hatte ich mir den Abend vorgenommen, aber dann kam es leider anders als geplant. Ich hatte nämlich am frühen Abend mein Schwimmtraining, das ich intensiv und engagiert absolvierte – allerdings ohne Chlor-Brille. Solcher Luxus zählte in dieser Zeit nicht zur Ausstattung einer normalen Schülerin. Ergebnis war ein abendlicher chlorgetrübter Blick sodass ich keine Möglichkeit hatte, die anstehende Aufgabe zu erledigen. Da mir auch am nächsten Morgen keine Zeit blieb, erfolgte in der Chemiestunde konsequenterweise mein erster Eintrag ins Klassenbuch wegen ‚Nichterfüllung der erteilten Aufgabe'.

Das wäre ja noch kein Beinbruch gewesen, aber damit war die Sache noch nicht erledigt. In der zweiten Stunde war Matheunterricht angesagt. Dieses Fach hatte ich sehr gerne und freute mich immer darauf. Mathematik fiel mir in der Regel recht leicht, was bisweilen zur Folge hatte, dass ich mich im Unterricht langweilte. Oft fand ich unkonventionelle Lösungswege, die mein Mathe-Lehrer nachgerechnet hat, manchmal gefolgt von der Frage, ob ich nicht Mathematik studieren wolle. Aber das wäre mir viel zu trocken gewesen. An diesem Tag nutzte ich die Mathestunde zur Erstellung des fehlenden Protokolls – und wurde natürlich dabei erwischt. Das Ergebnis war der nächste Eintrag, schon der zweite des Tages.

In der dritten Stunde war dann wieder Chemie an der Reihe. Die Lehrerin hatte mich nach dem morgendlichen Eintrag wegen des fehlenden Protokolls sowieso schon auf dem Kieker, sah natürlich den nächsten Eintrag und fragte nach dem Grund. Die Antwort und die Tatsache, dass ich die fehlende Chemieaufgabe im Matheunterricht erledigen wollte, erbosten sie derart, dass sie für diese ‚Frechheit' gleich noch einen Eintrag folgen ließ – Nummer drei an diesem Tag. Doch mein Unglück sollte damit noch nicht zu Ende sein. Denn nun sollten wir der Chemielehrerin eine kürzlich zurückgegebene Klassenarbeit, von den Eltern unterschrieben, zeigen. Kein Problem eigentlich, hatte ich doch in dieser Arbeit eine 1 geschrieben und sie gerne zu Hause vorgezeigt – nur, genau diese Arbeitsblätter hatte ich nicht dabei und bekam somit mächtig Bammel vor dem nächsten Eintrag. Der hätte mir wohl endgültig das Genick gebrochen. Und so kam ich kam auf die wohl dümmste Idee, die ich in dieser Situation haben konnte – ich „borgte" mir zum Vorzeigen die Arbeit einer Klassenkameradin.

Die Hefte wurden eingesammelt, und die Lehrerin blätterte ausgerechnet in meinem Heft und fragte: „Ja wo ist denn die Arbeit?" Und ich antwortete: „Ja wo ist sie denn nur?", und die Sache flog auf – fatal. Die offizielle Version lautete nun Betrugsversuch, und so etwas gehört sich an einer Schule nicht, und an einer Sportschule schon überhaupt nicht. Mir drohte der gefürchtete Direktorenverweis. Doch ich hatte Glück im Unglück. Der Direktor selbst war nicht da und sein Stellvertreter war mein Lehrer für Staatsbürgerkunde – ein Fach, in dem ich durch ausgezeichnete Leistungen glänzte. Und der lehnte, warum weiß man nicht mehr so genau, den Antrag auf einen Direktorenverweis ab und rettete somit wahrscheinlich die Chance auf meine spätere sportliche Karriere.

Denn der Direktorenverweis war ein Stigma, ein Brandmal für die Betroffenen. Er wurde offiziell in der Schule bekannt gegeben und ausgehängt und führte nicht selten in der Folge sogar zum Schulverweis. Und solch ein Schulverweis hätte zu DDR-Zeiten meinen Lebensweg mit Sicherheit entscheidend beeinflusst und behindert.

Der schulische Bereich war also streng geregelt, und auch im Sport, insbesondere im Leistungssport, gab es klare und strenge Regeln. Wer sich entschied beziehungsweise dazu bestimmt wurde, sportliche Leistungen zum Ruhm des Vaterlandes zu erbringen, der musste auch sein Leben entsprechend auf die Umsetzung dieser Ziele einrichten. Ganz oder gar nicht, so lautete das Motto. An den Start ging nur, wer berechtigte Hoffnungen haben durfte, ganz vorne dabei zu sein. Mittelmäßigkeit war bei internationalen Auftritten absolut verpönt, und damit immer wieder hoffnungsvoller Nachwuchs zur Erreichung der ehrgeizigen Ziele nachrückte, hatten Training und Trainer einen hohen Stellenwert und spielten im Leben von uns jungen Menschen eine wichtige Rolle.

So war es natürlich auch in meiner Trainingsgruppe, die sich aus ungefähr 10 Mädchen im Alter von 16 bis 20 Jahren zusammensetzte. Alle hatten wir ein Ziel – erfolgreich über die Mitteldistanzen, also bis 3000 Meter, an den Start zu gehen. Um Erfolg zu haben, mussten wir uns natürlich den geltenden Regeln unterwerfen. Und dazu gehörte es auch, den Trainer, der „von oben" bestimmt wurde, zu akzeptieren. Aufstand war unerwünscht, selbst wenn man von dem Neuen überhaupt nichts hielt und lieber mit dem alten Trainer weitergearbeitet hätte.

Gerade eben bin ich nämlich an meinem derzeitigen Trainer vorbeigelaufen, und er hat mich aufgemuntert und mir noch ein paar Tipps für die weitere Strecke gegeben – und es ist immer noch derjenige, der damals, vor so vielen Jahren, ungebeten und ungeliebt in mein Leben trat. Damals, 1980, als ich gerade 18 war. Wolfgang Heinig war sein Name, und der Tag, an dem er sich als neuer Trainer vorstellte, sollte nicht ohne Folgen für unser beider Leben bleiben.

Trotz aller Probleme und Streitereien, die wir zunächst hatten, sind wir bis heute, mehr als 25 Jahre nach dem ersten Zusammentreffen, noch immer als Sportlerin und Trainer zusammen ein Team. Darüber hinaus sind wir uns auch im privaten Bereich näher gekommen und seit vielen Jahren ein Ehepaar. Und ich freue mich immer, wenn ich an der Strecke an ihm vorbeilaufe und wir uns kurz abstimmen können. Aber zu Beginn, 1980, war von Sympathie und Harmonie zunächst überhaupt nichts zu spüren, ganz im Gegenteil.

Ein Höhepunkt im Schülerbereich – Doppelsieg bei der Spartakiade 79

Zum ersten Mal mit der Teilnahme von Frauen – der Marathon in Karl-Marx-Stadt Und gleichzeitig der erste Marathon für Katrin Dörre

Betreuung durch den Doc Rüdiger Böhm nach dem Sieg in 2:45:54 beim ersten Marathon

In Anerkennung

vorbildlicher sportlicher Leistungen wird

Sportfreund/in   **Katrin Dörre**

Sektion   **Leichtathletik**

als Kandidat für die

**Olympischen
Sommerspiele 1984**

berufen

Leipzig, den 15. 12. 1982

_____   _____   _____
Vorsitzender   Parteisekretär   FDJ-Sekretär

Berufung ins Olympia Kader für 1984

So strahlt eine Erfolgsläuferin – Katrin im Jahr 1984

Links: Erneuter Start in Karl-Marx-Stadt 1983 – und wieder Platz 1

*Der erste große internationale Wett-
kampf – Osaka Marathon 1984 –
Platz 1 in 2:31:41*

*Auch in Tokio war die Stimmung
bestens (1984)*

Das Weltcup-Team in Hiroshima 1985 (v.l. Katrin Dörre, Gabi Veit, Birgit Stephan, Gabi Martins)

Der Umgang mit den Ess-Stäbchen muss noch geübt werden

Sieg beim ersten Weltcup der Frauen im Marathon in Hiroshima 1985

Auf dem Weg zum Sieg beim Europa Cup in Rom 1985

```
114919 dtsb dd
113011x fdgb dd fsnr 1408 16.9.85 1310 be


deutscher verband fuer leichtathletik der ddr
berlin


liebe sportfreundin katrin doerre,

im namen der gewerkschaftsmitglieder unserer republik moechte
ich ihnen zu dem souveraenen einzelsieg im marathon 1985 in
rom recht herzlich gratulieren. sie sind erneut mit einer
1105z berlin
1111se bln   dd
zczc   24
(10)berlin tlx 15 1520


etatpriorite
an den deutschen verband fuer
leichtathletik im dtsb der ddr
sportfreundin katrin doerre
storkower strasze 118
(1055)berlin
```

Glückwünsche Erich Honeckers

Der Generalsekretär des ZK der SED und Vorsitzende des Staatsrates der DDR, Erich Honecker, hat den Europapokalgewinnern im Marathon Katrin Dörre und Michael Heilmann herzlich gratuliert. Glückwunschtelegramme sandten auch der Vorsitzende des Ministerrates der DDR, Willi Stoph, und der 1. Sekretär des Zentralrats der FDJ, Eberhard Aurich.

```
liebe sportfreundin katrin doerre
als weltpokalgewinnerin im marathonlauf beim europacup 1985
in rom an den start gehend, konnten sie auf eindrucksvolle
weise ihrer hohen mitfavoritenrolle gerecht werden und mit einer
bewundernswerten kaempferischen und sportlichen leistung den
einzelsieg im frauenmarathon erringen.
zu diesen erneuten groszen sortlichen erfolg beglueckwuensche
ich sie mit besonderer freude und hochachtung und verbinde dies
mit allen guten wuenschen fuer die zukunft
      erich honecker generalsekretaer des zentralkomitees
der sed und vorsitzender des staatsrates der ddr


1554 nnnn
1105z berlin
1111se bln   dd
```

Glückwunschtelegramm von Erich Honecker nach dem Sieg in Rom 1985

Wolfgang wird mein Trainer

1980 übernahm Wolfgang unsere damalige Trainingsgruppe, bestehend aus Mädels im Alter von 13 bis 21 Jahren. Bis zu diesem Zeitpunkt waren wir von einem Trainer betreut worden, der außer im sportlichen auch im persönlichen Bereich eine wichtige Rolle für unsere Entwicklung spielte und den viele von uns als väterlichen Freund empfanden. So etwas hatten wir auch von unserem neuen Trainer erwartet. Jedoch stellte sich ganz schnell heraus, dass es mit Wolfgang Heinig, so hieß der Neue, ganz anders weitergehen würde.

Um das zu verstehen, muss man die Vorgeschichte kennen. Wolfgang hatte an der DHfK, der Deutschen Hochschule für Körperkultur, studiert und dort auch seine Ausbildung zum Trainer gemacht. Nach seinem Sportstudium hatte er bereits einige Jahre mit Schülern in einem Trainingszentrum gearbeitet. Die besten aus diesen Gruppen wurden im Alter von 13 Jahren dann regelmäßig zur Weiterentwicklung und intensiven Betreuung auf die Sportschule delegiert. Dies bedeutete natürlich eine hohe Auszeichnung für die Sportler. Andererseits war es aber auch eine Anerkennung für die ausgezeichnete Arbeit des Trainers, der so sein Ansehen steigern konnte. Als Folge seiner guten Trainerarbeit hatte man Wolfgang für das Jahr 1980 die Möglichkeit in Aussicht gestellt, Sportler an einer Sportschule oder für einen renommierten Sportverein selbst weiterbetreuen zu dürfen. So fand ein Gespräch beim SC DHfK (meinem damaligen Sportklub) statt, wo man ihm anbot, eine Trainingsgruppe zu übernehmen. Wolfgang, der selbst als Sprinter aktiv gewesen war und stets im Sprintbereich gearbeitet hatte, war umso glücklicher, als man ihm die Betreuung einer Sprintgruppe in Aussicht stellte. Der Tag unserer ersten Begegnung rückte näher, und man brachte ihm schonend bei, dass es mit dem Sprint nicht ganz klappen würde. Es seinen Sportlerinnen, die mehr im langen Sprintbereich aktiv seien, im ganz langen Sprintbereich – Mittelstrecklerinnen halt!

Aus heutiger Sicht kann ich seine Enttäuschung verstehen, seine damalige Reaktion aber dennoch nicht akzeptieren. Wir wurden uns also vorgestellt, er zeigte kaum Interesse an uns und unserer Arbeit, und wir waren natürlich enttäuscht darüber und vermissten sehr schnell unseren alten Trainer. Vieles, eigentlich alles, war jetzt anders und es ergaben sich schnell Diskrepanzen. Zum Beispiel hatte unser alter Trainer immer den großen Sack mit unseren Spikes mit ins Stadion gebracht. So konnten wir in Ruhe unseren Dauerlauf oder unser Einlaufprogramm absolvieren, ohne uns um die weiteren Trainingsvorbereitungen kümmern zu müssen. Das war gleich das Erste, das Wolfgang abschaffte, mit der Begründung, er sei nicht unser Packesel. Sicherlich aus seiner Sicht verständlich, und aus heutiger Sicht sowieso, aber hätte er uns dies nicht damals auch erklären können. Er polterte jedoch gleich los, und was er sagte, musste widerspruchslos getan werden.

Man kann sich also vorstellen, wie sich das Klima in der Trainingsgruppe entwickelte – schlecht wäre noch übertrieben. Am meisten störte mich, dass er uns spüren ließ, dass er uns Mittelstrecklerinnen nicht trainieren wollte. Oft erschien er erst gar nicht zum Training, was natürlich unmöglich war. Mit dem Forschungsinstitut, in dem die Kaderathleten wöchentlich ihre Protokolle abgeben mussten, wurde deshalb vereinbart, dass die Trainingseinheiten, bei denen Wolfgang anwesend war, mit einem Kreuz auf dem Protokoll gekennzeichnet werden sollten. Manchmal war nur es ein Kreuz pro Woche. So konnte es natürlich nicht weitergehen.

Überdies kam ich auch überhaupt nicht damit klar, mit welcher Methodik er uns trainieren ließ, wenn er einmal anwesend war. So sollten wir beispielsweise zum Einlaufen einfach einen 3-km-Dauerlauf absolvieren. Was das bringen sollte, war mir unverständlich. Das waren Punkte, in denen wir ordentlich aneinander gerieten. Und da ich sehr genau wusste, was ich wollte, machten wir beide uns das Leben sehr, sehr schwer. Ich wollte damals den Trainer wechseln, aber so einfach wie heute war das nicht. Als ich dies merkte, spielte ich ernsthaft mit dem Gedanken, die Lauferei an den Nagel zu hängen. Dennoch hörte ich mich erst einmal weiter um und begann insgeheim nach den Plänen eines anderen Trainers zu arbeiten. Im Hinterkopf hatte ich Wolfgang als meinen Trainer bereits abgeschrieben, als 1981 ein entscheidendes Ereignis stattfand.

Ein geradezu magisches Wort trat in den Dunstkreis unseres sportlichen Treibens und damit auch in mein Leben. Dieses Wort lautete: Marathon. Zum ersten Mal rückte der Marathon in das Bewusstsein von uns Sportlerinnen. Bei den Männern war das anders. Die waren schon seit vielen Jahren über die Distanz von 42,195 Kilometern unterwegs. Aber für Frauen war, zumindest offiziell, die Langstrecke tabu. Und da alles Offizielle bei uns in der DDR ehernes Gesetz war, gab es auch keinerlei Gedanken an den Langstreckenlauf. Jetzt aber ergaben sich für uns Frauen mit einem Mal neue Perspektiven. Und neue Perspektiven waren dringend nötig in der Gruppe, denn gegen Ende des ersten gemeinsamen Trainingsjahres waren die Fronten verhärtet. So tat es allen Beteiligten gut, als sich die, zumindest vage, Möglichkeit auf gänzlich neue Herausforderungen auftat.

Ohne diese Ereignisse wäre sowieso alles völlig anders gekommen. Heute laufen wir Frauen hier ganz selbstverständlich unseren Marathon. Kein Mensch würde anzweifeln, dass wir dies eben so gut können wie die Männer. Viele Leute, die hier an der Strecke stehen, tun dies, weil sie uns sehen wollen. Und weiter hinten im Feld kommen jede Menge Frauen. Immer mehr werden es, von Jahr zu Jahr, die an den Läufen teilnehmen, und wir haben mittlerweile reine Frauenläufe mit richtig großen Starterfeldern. Ich will auch gar nicht daran denken, dass dies nicht möglich sein sollte. Viel zu sehr liebe ich diesen Sport. Auch wenn ich allmählich müde Beine bekomme, immerhin bin ich schon seit bald zwei Stunden stramm unterwegs, ich möchte es nicht missen, dieses Gefühl des Marathonlaufens – es ist einfach die schönste Sportart, die es gibt.

Und dennoch war es eine ganze zeitlang nicht möglich, diesen Sport als Frau offiziell zu betreiben. Bis 1980 nicht. Auch dann gab es noch keine konkreten Pläne für einen Marathon der Frauen, aber er stand zumindest im Raum. Natürlich liefen außerhalb der DDR Frauen bereits bei Marathonwettkämpfen mit – wenn auch inoffiziell.

Bereits 1967 hatte Kathrine Switzer die Veranstalter des Boston-Marathons übertölpelt und war unter dem Kürzel K. V. einfach an den Start gegangen. Nach ihrer Enttarnung im Verlauf des Rennens hatte man sie mit Gewalt aus dem Wettkampf nehmen wollen, war aber an der Solidarität der mitlaufenden Männer schlichtweg gescheitert.

Seither hatte es weitere Starts von Frauen gegeben, und im Jahr 1971 hatte Beth Bonner als erste Frau die 3-Stunden-Marke geknackt. Im Jahr darauf durften dann in Boston erstmals Frauen auch offiziell mitlaufen. Auch in der Bundesrepublik gab es schon seit 1973 Frauenläufe über die legendäre Distanz, veranstaltet vom OSC Waldniel. Exakt 32 Frauen waren es, die dort am 28. Oktober 1973 an den Start gingen. Der Durchbruch für die Frauen dürfte eine Veranstaltung gewesen sein, die 1979 wiederum in Waldniel stattgefunden hat. Für die damalige Zeit war es ein schier unglaubliches Ereignis. Mehr als 250 Läuferinnen aus 24 Nationen gingen dort am 22. September an den ausschließlich für Frauen zugelassenen Start. Der Slogan „Die Revolution des Frauenlaufs in Sicht" breitete sich danach zunehmend aus – und erreichte 1980 auch endlich unsere damalige Trainingsgruppe.

Marathon – ein Silberstreif am Horizont

Nach den vielen Problemen ergaben sich für uns Frauen mit einem Mal neue Perspektiven, war diese Distanz bislang doch eine reine Männerdomäne gewesen. Aber auch unser Trainer blieb von den sich mit einem Mal abzeichnenden Möglichkeiten nicht unbeeindruckt. Wir gewannen den Eindruck, dass er sich zum ersten Mal als Trainer richtig engagierte. Überhaupt hatte unsere Gruppe sich sportlich weiterentwickelt, und bei einigen Mädels ging es nun über die Mittelstrecke gut voran.

Das schien auch unser Trainer zu bemerken, für den wir mit einem Mal interessant wurden. So interessant, dass er, als man ihm die Erfüllung seines sehnlichsten Wunsches anbot, nämlich eine Sprintgruppe zu trainieren, ins Grübeln kam. Statt begeistert zuzugreifen, beschloss er völlig unerwartet, bei uns zu bleiben und sich mit dem neuen Thema Marathonlauf zu beschäftigen. Er setzte seine Priorität auf die lange Strecke und meinte, wenn das Chaos bliebe, könne er ja immer noch die Sprinter übernehmen. Mit einem Mal zog er richtig mit, machte sich schlau über Trainingsmethoden, befragte erfahrene Trainer und startete den ernsthaften Versuch, uns weiterzubringen.

Das war die Zeit, in der ich begann, ihn anzuerkennen und zu achten. Vorher hatte bisweilen regelrechter Hass zwischen uns geherrscht, da ich sein Tun nicht akzeptieren konnte und ihm dies auch immer gesagt hatte. Auf einmal sah alles anders aus. Wir steckten die Köpfe zusammen, sprachen über dies und jenes, und entschieden dann: Gut, wir machen zusammen weiter. Wir werden die Herausforderungen gemeinsam angehen, und jetzt wollen wir es wissen! So entstand mit der Zeit eine Zusammenarbeit, die letztlich bis heute Bestand hat.

Der Erfolg als unmittelbares Ergebnis der nun intensiven Zusammenarbeit im Training ließ nicht lange auf sich warten. Aufgrund der guten Leistungen wurde ich zum ersten Mal für einen Länderkampf nominiert. Im Februar sollte es nach England gehen, in den kapitalistischen Westen. Welch eine Aufregung. Und wie reizvoll war es für mich, aus der erzwungenen Enge innerhalb der DDR-Mauern zum ersten Mal ins Ausland reisen zu dürfen.

Sportler hatten hier unbestritten Vorteile, denn im Gegensatz zu den meisten DDR-Bürgern, die nie in die westliche Welt reisen durften, konnte einem dies als Sportvertreter der Nation bereits in jungen Jahren zuteil werden. Bei mir hatte es also 19 Jahre gedauert, nun war es so weit. So richtig genießen konnte man die Freiheit dennoch nicht, denn außer für den Weg zum Wettkampf blieben die Hoteltüren von innen verschlossen. Nur gemeinsam mit dem Delegationsleiter als Aufpasser durfte die Mannschaft einmal einkaufen gehen. Dennoch war es für die Sportler, die aus ihrer Heimat nur ein sehr eingeschränktes Warenangebot kannten, ein ungeheures Erlebnis. Es war eine Möglichkeit, einmal die Luft der kapitalistischen Welt mit ihrem ‚überreichen' Konsumgüterangebot zu schnuppern. Aber beim Schnuppern musste es auch bleiben. Weitergehende Kontakte waren strikt untersagt. Unterhaltungen mit Sportlerinnen und Sportlern oder auch anderen Personen aus dem kapitalistischen Ausland waren nicht erlaubt. Für den Fall, dass man um eine Antwort nicht herumkam, weil man direkt angesprochen wurde, gab es klare Regeln und vorbereitete Antworten. Besonders unangenehm konnte es werden, wenn andere Sportler ganz unbefangen und einfach nur interessiert nach Trainingsformen und -möglichkeiten fragten. Man interessierte sich schließlich dafür, wie die anderen es zu halten pflegen. Die uns DDR-Sportlern hierfür vorgegebenen Antworten waren im Allgemeinen derart fern jeglicher Realität, dass man vermutlich besser gar nichts gesagt hätte – es war den Betroffenen klar, dass sie Unfug redeten – und das war nun einmal peinlich. Aber dennoch überwogen bei Weitem die Freude und auch der Stolz, starten zu dürfen.

Mein erster Start im kapitalistischen Ausland

1981 verlief die Hallensaison recht erfolgreich für mich. Als direkte Folge wurde ich für den im Februar stattfindenden Hallen-Länderkampf in Cosford (England) nominiert. Als ich davon erfuhr, habe ich mich unbändig gefreut. Mein erster Start im kapitalistischen Ausland.

Aber wie schon so oft war ich wieder einmal vom Pech verfolgt. Ungefähr zehn Tage vor dem Wettkampf erwischte mich eine starke Angina und fesselte mich ans Bett. Wider alle Vernunft blieb ich dort allerdings nicht sehr lange, sondern war schon nach vier Tagen wieder in der Halle beim Training. Ich war hoch motiviert, denn ich wollte unbedingt mit nach England.

Aber der Körper lässt sich nun einmal nicht betrügen. Das spürte ich bereits beim Einlaufen, denn selbst das war für mich in diesem Zustand zu viel. Ich schwitzte wie verrückt und fühlte mich elend. Guter Rat war teuer. Wolfgang und ich beratschlagten, was wir machen sollten. Schließlich sagte er zu mir: „Komm, fahr hin, wer weiß, ob Du noch mal die Gelegenheit hast."

Also fuhr ich hin, obwohl ich mich körperlich keineswegs auf der Höhe fühlte. Dennoch, das ganze Drumherum war atemberaubend. Wir bekamen sogar Taschengeld. Cirka zehn Pfund waren es, umgerechnet also 30 Mark, die jeder von uns pro Tag erhielt. Echtes fremdes Geld.

Am ersten Tag unseres Aufenthaltes durften wir shoppen gehen. Zum Einkaufen in die Stadt – ich war glücklich. Nun darf man sich das Einkaufen nicht so vorstellen, dass wir in die Stadt gehen und uns nach Herzenslust umschauen durften, sondern das Ganze lief nach

DDR-Manier ab. Die Gruppe musste zusammenbleiben. Wenn ein passender Laden kam hieß es: „Alles rein", dann wieder „Alles raus", und das Gleiche dann beim nächsten Geschäft. Wenn ich daran zurückdenke, muss ich im Nachhinein noch lachen. Was für eine Angst müssen unsere Funktionäre gehabt haben, dass einer von uns Republikflucht begehen würde. Später, gegen Ende der Achtziger Jahre, war es dann nicht mehr ganz so streng. Dann gab es sogar 25 Mark pro Tag. Zwar auf maximal zehn Tage begrenzt, aber immerhin. Bei meinem ersten Auslandsaufenthalt war es nun einmal noch so reglementiert und streng gewesen.

Hauptgrund der Reise war natürlich der Wettkampf und die Möglichkeit, das eigene Land international zu vertreten. Das machte mich einerseits mächtig stolz, andererseits beunruhigte es mich, denn ich war ja nicht wirklich fit. Und diese Gedanken verfolgten mich, auch als es Zeit wurde, sich einzulaufen. Ich wusste ja, dass bei mir nichts ging und hatte dementsprechend auch riesige Angst, nicht nur vor der Blamage, sondern auch vor der anschließenden Auswertung und Besprechung zu Hause. Was sollte ich also tun? Eigentlich darf man das überhaupt nicht erzählen, und empfehlen möchte ich so etwas schon gleich niemandem. Aber damals schien es mir die letzte Möglichkeit zu sein. Ich lief mich zwar ein, aber extrem auf den Fußkanten, weil ich hoffte, dabei umzuknicken und dann starten zu müssen. Letztendlich klappte das aber glücklicherweise nicht.

So lief ich also die 3000 m, und beim Rennen kam es dann, wie es kommen musste. Die Engländerinnen überrundeten uns sogar. Es gewann Fudge in 8:56. Ich wurde immerhin Dritte, aber nur in 9:58. Oje! Aber ich tröstete mich damit, dass ich nicht Letzte geworden war, denn Thielemann aus Cottbus war noch langsamer. Wir wurden anschließend auch ganz schön runtergemacht, aber ich hatte meine Reise gehabt, und weiter wollte ich erst mal nicht denken. Mein Trainer bekam wegen der schlechten Leistung allerdings ganz andere Vorwürfe zu hören. Beim nächsten Hallen-Wettkampf wurden die Trainer von den Offiziellen zusammengerufen. Und dann wurde wegen der miserablen Leistungen in England so richtig vom Leder gezogen. Wolfgang wusste schon, was kommen würde, und hielt sich vornehm im Hintergrund. Es muss schlimm gewesen sein, denn die Funktionäre wurden sogar ausfallend. Es fielen Sätze wie: „Solche Leute werden nie mehr mitgenommen, peinlich, wie die Fettärsche sich um die Bahn gequält haben."

Das Fazit war: Meine Kollegin aus Cottbus hörte mit dem Sport auf. Auch ich verschwand erst einmal von der Bildfläche. Bei mir hatte sich eine Entzündung im Knie eingestellt, die immer schlimmer wurde und dringend einer Behandlung bedurfte. Das verschaffte mir eine Auszeit, und die hatte ich nach den Geschehnissen auch dringend nötig. Zudem stand ich kurz vor meiner Abiturprüfung und die sollte gut ausfallen. Schließlich hatte ich mir vorgenommen, nach der Schule mit dem Studium zu beginnen. Ganz im Sinne meiner früher gefassten Pläne hatte ich vor, meine Träume zu verwirklichen und ein Medizinstudium aufzunehmen.

So hätte das Jahr 1981 einen entscheidenden Wendepunkt in meinem Leben bringen können. Um ein Haar hätte ich dem Sport Lebewohl gesagt, und mich beruflich voll auf die medizinische Seite begeben. Das wäre allerdings wirklich schade gewesen, denn dann würde ich heute möglicherweise gerade die Morgenvisite in einem Krankenhaus abhalten und könnte nicht hier in diesem tollen Umfeld in Richtung Ziel unterwegs sein.

Daran, dass dies einmal so kommen könnte, habe ich in dieser schweren Zeit damals nicht im Traum geglaubt. Im Grunde sah es schlichtweg düster in Bezug auf meine sportliche Zukunft aus.

Wie ich zum Marathon kam

1981 war wahrlich nicht mein Jahr. Zuerst hatte mich diese verflixte Knieverletzung erwischt, und dann kam als nächster Tiefschlag die bittere Diagnose, dass ich zum Laufen ungeeignet sei. Schließlich folgte die Reha.

In der DDR war es üblich, dass jeder Sportler nach einer Operation zur Reha nach Kreischa musste. Daran war schlichtweg nicht zu rütteln. Also musste auch ich, obwohl ich sportlich im Grunde bereits abgeschrieben war, diese nochmalige Verlängerung in Kauf nehmen. Nach den vielen Wochen in Leipzig, wo ich zur konservativen Behandlung im Krankenhaus gelegen hatte, bevor ich zur OP nach Bad Düben kam, hatte ich hierauf überhaupt keine Lust mehr. Aber es half nichts, es ging für vorerst vier Wochen nach Kreischa. Dort wurde für jeden ein persönlicher Trainingsplan erstellt, um wieder an sportliche Belastungen herangeführt zu werden. Diese Pläne wurden in erster Linie von den Ärzten erstellt. In der zweiten Woche meines Aufenthaltes war es so weit. Ich durfte mich wieder sportlich betätigen. Zunächst verordnete man mir Radfahren auf dem Ergometer. Ganz geringe Umfänge und fast ohne Widerstand. Nur das gesunde Bein wurde beansprucht, das kranke machte lediglich die Kreisbewegung mit.

Nach kurzer Zeit kam der dort für mich zuständige Trainer zu mir und sagte: „Es ist an der Zeit. Auf geht's, raus, auf die Straße. Da kannst du mit den anderen trainieren." Ich bekam einen riesigen Schrecken. Denn wie sollte das mit meinem kaputten Knie gehen. Ich sagte ihm, dass der Arzt mir das ‚Training außer Haus' vorerst verboten hätte. Es sei nicht geeignet für mich, sicher auch, da es in Kreischa sehr hügelig ist. Aber es half nichts, ich musste mich fügen. Also fuhr ich mit den anderen auf dem Fahrrad los. Es ging natürlich nicht lange gut. Schon beim ersten leichten Anstieg knallte es richtiggehend in meinem Knie. Das dürfte es dann wohl gewesen sein. In kürzester Zeit wurde das Knie heiß und schwoll beängstigend an. Mit Mühe und unter Schmerzen schaffte ich es gerade noch zurück in die Klinik. Ergebnis der unsinnigen Quälerei war ein Kapselabriss im Knie.

Na prima, damit musste ich von der Reha in Kreischa wieder zurück ins OP-Zentrum nach Bad Düben. Ich hätte heulen können – sollte die Qual denn niemals ein Ende nehmen? Und das Allerschlimmste – nach der Behandlung in Bad Düben durfte ich immer noch nicht nach Hause. Nein, jetzt war, getreu unserem Standardprogramm, wieder Reha in Kreischa angesagt.

Es war eine schlimme Zeit für mich. Obwohl ich mich nach Möglichkeit schonte und das Bein so oft es ging hochlegte, füllte sich das Knie dennoch immer wieder mit Flüssigkeit. Fast jeden zweiten Tag musste daher punktiert werden. Psychisch war ich ziemlich am Boden, da dieses Krankheitsbild einen langen Aufenthalt in Kreischa bedeutete. Für alle anderen war es bereits die Zeit der Sommerferien. Meine Eltern stellten schließlich einen Antrag auf vorzeitige Entlassung, und nach einigem Hin und Her und mehreren Gesprächen durfte ich dann wirklich drei Wochen später nach Hause.

So übel die Zeit damals war, im Nachhinein glaube ich, dass es für meine weitere sportliche Laufbahn von Vorteil war, dass mein Knie so oft punktiert werden musste. Dadurch konnte ich sehr lange nicht laufen und trainieren. Ich denke heute, dass diese lange Ruhezeit wahrscheinlich wesentlich dazu beigetragen hat, dass ich später ohne Probleme in einem so hohen Maß belastungsverträglich war.

Und eines schönen Tages war es dann doch so weit. Ich nahm das Training vorsichtig wieder auf. Der Wiederbeginn war allerdings überhaupt nicht nach meinen Geschmack. Es ging mir viel zu langsam. Ich hatte das Gefühl, es passiert überhaupt nichts. Ich begann mit lockerem Traben, gerade mal 100 Meter. Zum Glück wurde die Distanz ziemlich schnell größer. Aber schnellere Laufeinheiten waren vorerst völlig unmöglich. Brav und fleißig arbeitete ich an den Grundlagen mit Radfahren, Schwimmen, Dauerlauf und Skirollern. Ein wirkliches Ziel und echte Motivation hatte ich zu dieser Zeit allerdings nicht. Bis dann erneut der Marathon in den Blickpunkt des Interesses rückte. Und ich glaube, wenn das damals nicht geschehen wäre, hätte ich wohl irgendwann mit dem Laufen aufgehört und mich voll auf das Medizinstudium konzentriert.

Aber zum Glück kam es zu Beginn des Jahres 1982 eben doch anders. In diesem denkwürdigen Jahr hatte bei einer in der DDR durchgeführten internationalen Meisterschaft der Marathonlauf der Frauen als offizielle leichtathletische Disziplin Premiere. Und schlagartig wurde diese Strecke auch für uns DDR-Läuferinnen erlaubt und interessant. Insbesondere für mich, denn nach der OP konnte ich keine wirklich schnellen Läufe mehr machen.

Ein Trainer aus meinen Klub fragte mich, ob ich diese Strecke nicht mal versuchen wolle. Sozusagen als Alternative zur Mittelstrecke und um einfach mal meine Ausdauer zu testen. So besprach ich das Ganze mit Wolfgang, meinem Trainer. Auch er fand die Idee gar nicht schlecht, und so fassten wir unseren ersten Marathonlauf ins Auge. Dieser sollte bereits im April in Karl-Marx-Stadt stattfinden und es war immerhin bereits März. Viel Zeit blieb uns also nicht. So richtige Vorstellungen von dieser langen Wettkampf-Distanz hatten wir, offen gestanden, damals nicht. Aber das Unternehmen reizte uns einfach, und es war zudem völliges Neuland.

Eine echte Chance gab mir kaum jemand. Im Gegenteil, viele belächelten uns und unsere emsigen Bemühungen. Aber gerade solche Situationen haben schon immer die Kämpfernatur in mir geweckt. Ich begann also mit meiner Vorbereitung. Auf dem Programm standen täglich zwei Dauerläufe über Strecken von jeweils zehn bis ungefähr fünfundzwanzig Kilometern. Mehr war damals bei mir einfach nicht möglich, auch auf Grund meiner vorangegangenen Verletzung. Ein einziges Mal allerdings wollte ich ausprobieren, ob ich denn solch eine lange Strecke überhaupt schaffen würde. Für diesen Testlauf hatten wir uns den Ostersonntag ausgesucht. Fünfzig Kilometer hatten wir uns als Testdistanz vorgenommen. Und dann ging es los.

Wolfgang begleitete mich auf dem Rad. Das Wetter war scheußlich. Regen, Schnee, Kälte, Wind! Nach dreißig Kilometern war ich noch guter Dinge. Die imaginäre Marathonmarke durchlief ich, immer noch in guter Verfassung, nach fast genau drei Stunden. Dass ich diese Leistung geschafft hatte, motivierte mich zusätzlich. Aber dann wurden meine Beine immer schwerer. Der letzte Abschnitt wurde zur Tortur, Wolfgang musste mir jeden absolvierten Kilometer einzeln durchsagen, aber ich schaffte es. Im Ziel war ich dann aber völlig am Ende. Nichts ging mehr. Zum Duschen und Umziehen benötigte ich sage und schreibe fast zwei Stunden. Schließlich musste ich dann noch zur Straßenbahn, mit der ich etwa eine Stunde bis nach Hause brauchte. Meine Mutter konnte mich nämlich nicht abholen, da es Ostern war und sie sich zum Mittagessen schon ein Bierchen gegönnt hatte. Eine derart lange Distanz habe ich nie wieder absolviert!!! Wolfgang war übrigens ebenfalls fix und fertig und am nächsten Tag krank, er lag mit Grippe im Bett.

Aber das Entscheidende war, dass ich mich dem bevorstehenden Wettkampf gewachsen fühlte. Ich wusste jetzt, dass ich in der Lage war, die magischen 42,195 Kilometer laufend zu bewältigen.

Beim Wettkampf, dem ersten meiner sportlichen Laufbahn, erreichte ich in der Zeit von 2:45 hinter einer Ungarin das Ziel als Zweite. Gemessen an den späteren Läufen war es natürlich eine winzig kleine Veranstaltung. Acht Läuferinnen gingen an den Start. Zwei aus

Ungarn und sechs aus der DDR. Dazu kamen noch einige Männer, alles in allem aber waren wir nicht mehr als hundert Starter.

Ich war natürlich sehr glücklich, denn meine Zeit bedeutete damals DDR-Rekord. Und ich war jetzt vor allen Dingen hoch motiviert, auf dieser Distanz weiter dabei zu bleiben. Wenn mit so wenig Training und mit lediglich einigen vorbereitenden Dauerläufen diese Zeit möglich war, dann musste doch mit richtigem Training noch mehr zu erreichen sein. Und so entschied ich mich, Marathonläuferin zu werden.

Ich werde Marathonläuferin

Damit hatte ein neues Kapitel begonnen. Die kurzen Strecken traten immer weiter in den Hintergrund, und ich konzentrierte mich auf die Marathondistanz – mit riesigem Erfolg.

Bereits im Juli, beim nächsten Start über die 42,195 Kilometer, konnte ich mich weiter verbessern. Es war mein zweiter Marathon, und zwar in Dresden. Dabei wurden gleichzeitig auch die DDR-Meisterschaften ausgetragen. Der Start sollte am Abend erfolgen, und so war die Anfahrt für den Nachmittag geplant. Dinge wie Anreise am Vortag, Eingewöhnung und Einstellung auf den Wettkampf gab es nicht. Wir fuhren hin, liefen uns kurz ein, und dann sollte es losgehen. Ging aber nicht, da ein mächtiger Wolkenbruch einsetzte und die Planung über den Haufen warf. Es goss wie aus Kübeln, sodass man schließlich von offizieller Seite ein Einsehen hatte und wir uns unterstellen durften. Mit 45 Minuten Verspätung ging es dann los. Und für mich lief es ausgezeichnet. Wieder kam ich gut durch und verbesserte mit 2:43:15 erneut die DDR-Bestzeit. Die Resonanz in den offiziellen DDR-Medien war allerdings eher enttäuschend.

… und die Zuschauer warteten auf die Letzte, auf Katrin Dörre, die als einzige Frau das Rennen beendete und mit 2:43:15 eine neue DDR-Bestzeit erzielte. Da keine Siegerehrung für sie vorgesehen war, bekam sie eine Rose überreicht. …

Da nur zwei Frauen am Start waren, war eigentlich gar keine Meisterschaftswertung möglich, dafür hätten zumindest drei am Start – oder gar im Ziel – sein müssen. Also war ich den Marathon nur für eine Rose gelaufen. Ich kann mich noch erinnern, wie ich ins Ziel gekommen bin und eine Rose überreicht bekam – und dann durfte ich wieder nach Hause fahren. Wenn ich mir das heute überlege – so einen langen Kanten für im Grunde genommen nichts und wieder nichts, aber trotzdem war ich irgendwie stolz.

Ungetrübt blieb die Freude allerdings trotz der Erfolge nicht, denn immer wieder musste ich herbe Enttäuschungen verkraften. Aufgrund der gelaufenen Zeiten hatte ich die Norm erfüllt, die für die Teilnahme an der im Spätsommer 1982 in Athen stattfindenden Europameisterschaft gesetzt worden war. Das wäre eine echte Herausforderung gewesen – und natürlich auch eine tolle Reise ins Ausland. Leider kam es nicht dazu. Gerade einmal eine Woche bevor es losgehen sollte, wurde ich ohne jegliche Begründung wieder ausgeladen. Enttäuschung und Frust waren natürlich groß. Warum nur durfte ich nicht mit?

Ganz oder gar nicht

Bei uns durfte nur der an den Start gehen, der auch Aussicht hatte, auch aufs Siegertreppchen zu steigen. Mit den bis dahin von mir gelaufenen Zeiten von um die 2:45 wäre das kaum möglich gewesen. Realistisch war wohl Platz acht. Für mich wäre es ein toller Erfolg gewesen, aber unseren Offiziellen reichte das nicht. Entweder ganz vorn dabei oder gar nicht. Und als hätte die Absage nicht schon genug geschmerzt, erschien nach der EM auch noch so ein blöder Bericht in der Zeitung:

... schaffte bei der EM in 2:25:28 eine neue Weltbestzeit im Frauenmarathon, der sich ja zunehmender Beliebtheit erfreut. Fünf Läuferinnen blieben unter 2:30 – in der DDR hat diese Strecke noch keine große Tradition. Katrin Dörre hält mit 2:43 die DDR-Bestzeit und wäre damit in Athen bestenfalls Neunte geworden. ...

Ich meine, ich bin die 2:43 in Dresden gelaufen, aber unter welchen Bedingungen, und dann noch so abgebürstet zu werden, das sorgte schon für Frustration.

Die nächste Möglichkeit zu solch einem Start würde sich frühestens in einem Jahr wieder ergeben, denn dann standen in Helsinki die Leichtathletik-Weltmeisterschaften an. Sollte ich darauf warten? Das war nicht leicht für mich. Der gute Start ins Jahr 1982 war deutlich getrübt worden, und dann nahm das Jahr auch noch ein ganz schlimmes Ende. Nach längerer Krankheit starb mein Vater. Ich war am Ende, frustriert, traurig. Der Sport machte keinen Sinn mehr für mich. Ich beschloss, dem Ganzen ein Ende zu setzen und verfasste einen langen Brief an Wolfgang, meinen Trainer. Ich schrieb ihm von meinen Gefühlen und meinen Beweggründen und teilte ihm mit, dass ich mit dem Leistungssport Schluss machen wolle. Klare Worte zum Schluss: Ich höre auf!

Wolfgang hätte meine Entscheidung vielleicht sogar hingenommen, ich weiß es nicht, aber eine Reaktion kam von ganz anderer Seite. Trotz der Absagen und Ausladungen schienen die Offiziellen doch Interesse an mir zu haben. Wie sonst ist es zu erklären, dass man mich nicht gehen lassen wollte. Man übte Druck auf mich aus, der letztlich in Erpressung gipfelte: „Frau Dörre, Sie wollen also mit dem Sport aufhören? Haben Sie sich das wirklich gut überlegt? Denken Sie doch noch einmal in Ruhe darüber nach, und bedenken Sie dabei, dass die Fortsetzung Ihres Studiums schwierig werden könnte, wenn sie mit dem Laufen aufhören. Vielleicht klappt das dann nicht mehr? Wollen Sie das wirklich?" Das saß. Natürlich wollte ich das nicht. Ich liebte mein Studium, es war mir ungeheuer wichtig. Aber bei dieser Erpressung blieb mir nichts anderes übrig als weiterzumachen.

Im darauf folgenden Jahr stand als erste Marathonveranstaltung wieder der Lauf in Karl-Marx-Stadt auf dem Programm. Die Teilnehmerzahl war deutlich größer geworden, und mit annähernd zweihundert Startern ging ein recht ansehnliches Feld auf die Strecke. Selbstverständlich gehörte ich dazu. Ich wollte die Norm für die im Sommer in Helsinki stattfindende WM erfüllen – und schaffte das auch. In 2:37:41 gewann ich ungefährdet den Wettbewerb der Frauen und unterstrich damit meine immer besser werdende Form und den Anschluss an die Weltspitze. Somit stand also ein echtes Großereignis an. Im August sollte die Reise nach Helsinki gehen. Und wieder einmal wurde nichts daraus. Genau wie ein Jahr zuvor bei den Europameisterschaften strich man meine Teilnahme kurzfristig und ohne Begründung.

Ja um Himmels Willen, frag ich mich da noch im Nachhinein, was wollten die eigentlich? Das war eben die klassische DDR-Denkweise. Wenn kaum Aussicht auf Erfolg bestand, dann gab es lieber gar keine Teilnahme. Für mich als Sportlerin war es die nächste bittere Enttäuschung. Man nahm auf die Gefühle von uns Sportlern schlichtweg keinerlei Rücksicht. Die Außenwirkung des Staates wurde über alles gestellt. Nun gut, aus Sicht der Funktionäre vielleicht noch verständlich, für uns Sportler aber eine Katastrophe. Ich tat das, was ich in solchen Situationen schon öfter getan hatte, ich nahm eine Auszeit. Da meine Mutter in Kur war, nahm sich zu Hause eine Nachbarin meiner an. Die wusste genau, wie hart ich trainierte, und konnte meine Enttäuschung daher gut verstehen. Gemeinsam überlegten wir, was die Gründe gewesen sein mochten. War es wirklich nur die fehlende Aussicht auf den Sieg? Oder spielte etwas anderes womöglich eine Rolle? Schon öfters war man an mich herangetreten, ich solle doch bitte schön endlich in die Partei eintreten. Für mich als Repräsentantin unseres Landes würde sich das so gehören. Bisher war es mir gelungen, der Sache auszuweichen. Ich wollte kein Parteimitglied werden. Und ich war es bislang auch nicht geworden – ob das vielleicht der Grund war? Bestrafung durch die Hintertür? Ich musste wohl noch einmal in Ruhe darüber nachdenken.

Sei es, wie es sei, ich durfte jedenfalls nicht fahren. Der Schock musste erst einmal betäubt werden, was uns mit selbst gekeltertem Apfelwein der mitfühlenden Nachbarin auch gut gelang. Die Wirkung schlug am nächsten Tag natürlich schier ins Gegenteil um. Zur Enttäuschung kamen nun auch noch die Kopfschmerzen von der „Vortagsbehandlung" hinzu. In meiner Not rief ich meine Mutter in der Kur an. Und natürlich stärkte sie mir den Rücken und schlug vor, ich solle doch zu ihr kommen. Das passte mir sehr gut.

Um allem ein bisschen aus dem Weg zu gehen und etwas Trost zu bekommen, fuhr ich also kurz darauf meiner Mutter hinterher. Zum Glück konnte ich mir in der Nähe für einige Zeit ein Zimmer nehmen und blieb während ihres restlichen Kuraufenthaltes dort. Eigentlich war das ja eine nette Abwechslung zu Training und Schulstress. Aber wer selbst läuft, der weiß, dass man dieses Training schon nach kurzer Zeit vermisst. Die ersten Tage mag es ja noch angenehm sein, mal etwas Ruhe zu haben. Aber dann beginnen im wahrsten Sinn des Wortes die Laufschuhe zu locken.

Es macht ja auch Spaß, sich solcherart zu bewegen und fit zu halten. Und wenn man, so wie ich, in der Spitze mitlaufen möchte, kann man es sich letztlich auch gar nicht leisten, allzu lange zu pausieren. Genauso wie ein Kaufmann seinen Laden nicht unbefristet schließen kann, weil er von den Kunden lebt, genauso kann eine ambitionierte Läuferin wie ich es bin und auch damals schon war, die Laufschuhe nicht allzu lange unbeachtet in der Ecke liegen lassen. Sonst wird es irgendwann mühsam, den Anschluss zu halten.

Oder andersrum – ich will ja nicht nur Anschluss halten, sondern vorne dabei sein. So wie heute, wo es allmählich auf die 30-Kilometer-Marke zugeht. Und am schönsten ist es dann, wenn du so fit bist, dass du trotz der Hetzerei über die Distanz auch noch etwas von der Strecke mitbekommst. Es gibt eine ganze Reihe Läuferinnen und Läufer, die die Strecke gar nicht wahrnehmen. Wenn ich mit denen im Ziel spreche, dann haben die überhaupt keine Eindrücke mitgenommen, nur nach innen geschaut, Zeiten gecheckt und die Kilometer abgespult. Nein, das ist eigentlich nicht mein Ding. Ich will schon mitbekommen, wo ich so vorbeilaufe. Besonders gut ist mir dabei der Marathonlauf in Rom im Gedächtnis.

Am 14. September 1985 war das, beim Europa-Cup im Marathon der Frauen. Den habe ich mit all seinen Eindrücken so richtig genossen. Es war ein sehr schöner Lauf. Eine Woche vor dem Start waren wir bereits in Rom und hatten sogar Gelegenheit, uns die zahlreichen Sehenswürdigkeiten dort anzuschauen. Den Trevibrunnen, das Kolosseum, die spanische Treppe, die Via Appia und was es sonst noch alles dort zu sehen gibt. Und der Marathon führte dann an all diesen berühmten Flecken vorbei. All das, was wir vorher gesehen hatten mit den Geschichten drum herum, das erlebten wir beim Lauf noch einmal. Es war phantastisch.

Die Strecke war zwar ziemlich schwer, wenn ich da allein an die Steigung zum Kolosseum hinauf denke. Und die mussten wir sogar zweimal absolvieren. Aber die Erinnerung an die Geschichten lenkte von der Plackerei so gut ab, dass ich den Lauf richtig genießen konnte.

Während ich an Rom gedacht habe, haben wir das nächste Kilometerschild gerade passiert. Das heißt, es geht bald auf die letzten 10 Kilometer. Na, mir soll's recht sein, obwohl der heutige Marathon sehr gut für mich verläuft, zumindest bis jetzt.

So um die 30-Kilometer-Marke kommt es einem manchmal wie eine ‚Durststrecke' vor, wenn im Rennen nicht wirklich etwas passiert. Die Musik geht im Allgemeinen erst etwas später wieder ab, dann nämlich, wenn es an das Verteilen der Platzierungen geht. Einmal habe ich allerdings die Phase zwischen Kilometer 20 und Kilometer 30 recht kurzweilig erlebt. Da war ich auf der Suche, hielt Ausschau. Ich suchte die ‚leichten Damen von Huy'.

Am Tag vor dem Lauf war eine gemeinsame Streckenbesichtigung angesagt. Wir fuhren also mit dem Bus durch Huy und bekamen die Strecke erklärt und die Stadt gezeigt. Plötzlich merkte ich, hier geht etwas vor sich. Alle stürzten mit einem Mal nach rechts und schauten hinaus. Bevor ich es richtig mitbekommen hatte, war die Erscheinung auch schon wieder vorbei. Ich erfuhr dann, dass wir soeben durch die Straße gefahren waren, wo die „Ladies in den Schaufenstern" saßen. Ich hatte das zwar verpasst, merkte mir aber die Stelle. Es war exakt bei Kilometer 21. Ich war schon ziemlich neugierig, denn so etwas gab es bei uns schließlich nicht.

Am nächsten Tag war der Lauf. Ich erreichte Kilometer 21 und reckte immerzu den Hals. Statt auf die Straße konzentrierte ich mich auf die rechte Streckenseite. Aber da war nichts. Immer wieder schaute ich nach rechts und dachte: „Mensch das muss doch hier gewesen sein." Aber ich konnte nichts entdecken. Ich lief weiter und dachte immerzu. „Die müssen doch hier sitzen!" Schließlich sagte ich mir, ich hätte mich getäuscht, und die freundlichen Damen würden 10 Kilometer weiter in ihren Fensterchen sitzen. Bei Kilometer 30 wiederholte sich das ganze Spiel. Ich schaute interessiert nach rechts, aber die „Schaufensterdamen" waren auch hier nicht zu sehen. Ich war schon ganz enttäuscht. Also beendete ich den Lauf, ohne dass ich den erwarteten Blick hatte erhaschen können. Später erfuhr ich, dass für die Marathonveranstaltung sämtliche käuflichen Damen ein offizielles Auftrittsverbot hatten. Die Stadt wollte sich blitzsauber präsentieren. Na gut, da konnte man halt nichts machen.

Heute brauche ich mich durch so etwas allerdings nicht vom Lauf ablenken zu lassen, denn heute geht es bestimmt nicht durch solch ein Viertel. Im Moment durchlaufen wir ein großzügig mit viel Grün angelegtes Gelände. Es könnte sich um eine Universität handeln. Dieser Eindruck ruft mir jene Zeit in Erinnerung, als ich eigentlich aufhören wollte, letztlich aber mit dem Druckmittel Studium bei der Stange gehalten wurde. Da die Fortsetzung meiner Karriere als Läuferin somit feststand, konnte der Zustand der selbst gewählten Auszeit natürlich nicht länger andauern.

Wenn ich weiter in der Spitze mitlaufen wollte, musste ich das Training sehr bald wieder aufnehmen. Zum einen sagte mir das ganz deutlich mein Trainer, zum anderen ich wusste es aber auch selbst. Und als zusätzliche ‚Motivationsmaßnahme' hatte ich natürlich noch bestens in Erinnerung, dass ansonsten das Studium auf dem Spiel stand. So folgte ich bald wieder dem Ruf des Sports und der Trillerpfeife des Trainers und absolvierte mit Eifer und hohem Einsatz mein tägliches Trainingspensum. Und kaum war ich wieder dabei, dauerte es nicht lange, da drang zur Abwechslung einmal sehr erfreuliche Kunde an mein Ohr. Im kommenden Januar stand eine mögliche Reise auf dem Programm. Es sollte richtig weit weg gehen. Das war natürlich ein zusätzlicher Motivationsschub.

Ich kann mich noch daran erinnern, als wäre es erst gestern gewesen. Wir hatten wieder einmal eine wirklich harte Trainingseinheit absolviert. Danach saßen wir noch ein wenig zusammen. Mit einem Mal nahm Gabi Veit, die ebenfalls in der Trainingsgruppe war, mich zur Seite und fragte: „Hast du schon davon gehört? Im Januar soll es nach Japan gehen." Ich dachte erst einmal, ich traue meinen Ohren nicht. Japan, allein der Klang dieses Wortes verhieß eine Menge. Ich konnte es mir einerseits nicht wirklich vorstellen, denkbar war es andererseits aber schon. Schließlich hatte die DDR mit Japan ein sportliches Abkommen getroffen – ein Marathonabkommen. Die Popularität dieses Laufwettbewerbes in Japan war schon damals enorm. Und das konnten wir nutzen, um einerseits Wettkampferfahrung zu sammeln und uns andererseits mit anderen Nationen zu messen. So hatten unsere Funktionäre dieses Abkommen geschlossen, und Japan war für uns damit ein erlaubtes Zielland. Sollte es also für uns Frauen tatsächlich zum ersten Mal dorthin gehen? Ich wünschte es mir von ganzem Herzen. Und wirklich. Die Informationen verdichteten sich und dementsprechend wurden unsere Trainingsbemühungen noch engagierter. Schließlich wollten wir unbedingt dabei sein. Und dann wurde der Traum tatsächlich wahr. Zum ersten Mal durfte ich mit zu einem Marathon ins Ausland, und dann gleich nach Japan. Es war eine ungeheure neue Erfahrung und stellte alles bisher Dagewesene in den Schatten.

Mit dieser Reise sollte, neben dem Reiz der ersten Übersee-Reise und der sportlichen Aufregung, auch die Grundlage für eine spätere und lang dauernde Freundschaft und Sympathie gelegt werden – die Freundschaft zwischen Katrin Dörre und dem Land Japan mit seinen Menschen. Eine Freundschaft, die bis heute andauert und stetig erneuert wird. Davon allerdings ahnte ich damals noch nichts, als ich ins Flugzeug stieg und die letzten Ratschläge von meinem Trainer mit auf den Weg bekam. Mitfliegen durfte der nämlich nicht. Lediglich die Sportler und natürlich Funktionäre – für den Rest galt unverändert das Reiseverbot.

Mein erster großer Marathon

Im Januar 1984 flog ich zum ersten Mal zur Teilnahme an einem großen internationalen Marathonwettbewerb. Ziel war Osaka in Japan. Ich war furchtbar aufgeregt, denn dies war mein erster Marathonstart im Ausland. Aber nicht nur sportlich gesehen war ich ein völliger Neuling. Alles, was sich um mich herum abspielte, war neu für mich.

Fernreisen war ich überhaupt nicht gewohnt, und durch die Zeitumstellung war ich völlig durcheinander. Am Tag war ich hundemüde und des Nachts lag ich stundenlang wach. Heute muss ich darüber schmunzeln, denn seither habe ich immer Schlaftabletten im Gepäck. Aber damals hatte ich ja keine Ahnung. In solchen Nächten, in denen ich stundenlang wach lag, ging mir natürlich alles Mögliche durch den Kopf. Und in der zweiten oder dritten Nacht wurde mir das ziemlich langweilig. Na ja, dachte ich, was soll ich hier so rumliegen? Schau ich doch einfach fern. Ich fand es toll, im Bett zu liegen und den Fernseher direkt vor der Nase zu haben. Auch das war nämlich etwas, das ich nicht kannte. Damals gab es noch nicht die Fülle von Programmen und die Möglichkeit, weltweit in der eigenen Sprache Sender verfügbar zu haben. Alles war in Japanisch, und ich verstand kein Wort. Also zappte ich ein wenig durch die Programme.

Hui, was war das denn?

Ich war in einem Porno gelandet. Da musste ich doch mal ganz genau hingucken. So etwas gab es bei uns nämlich nicht. Doch nach etwa zehn Minuten fand ich das Ganze dann nicht mehr so spannend, sondern eher ätzend, und habe den Fernseher wieder ausgemacht und versucht, noch einzuschlafen.

Dann nahte der Wettkampftag. Ich hatte genau zwei Paar Schuhe zur Auswahl, mit denen ich auch sonst immer lief – eines mit einer recht flachen und eines mit einer höheren Sohle. Aber ich wusste absolut nicht, mit welchen Schuhen ich laufen sollte. So schaute ich mir das Programmheft an, das auch Bilder aus den letzten Jahren enthielt. Im Vorjahr hatte Carry May aus Irland gewonnen. Wie ich auf den Bildern sehen konnte, hatte sie Schuhe mit höherer Sohle getragen. Also war klar, mit welchem Schuh ich laufen würde.

Nirgends sonst habe ich eine derartige Massenbegeisterung erlebt, wie bei den Läufen in Japan. Es gab an der gesamten Strecke kein freies Plätzchen, die Leute feuerten uns unablässig an. Das war ich gar nicht gewohnt. Nach meinem Dresdener Erlebnis war das nun das krasse Gegenteil – in mehreren Reihen hintereinander standen die Menschen, brüllten und schwenkten Fähnchen – das war für mich völlig neu. Nach einer Weile bekam ich regelrecht Kopfschmerzen von dem Getöse und dachte: „Daran kann man sich doch wirklich nicht gewöhnen!" Es war teilweise ohrenbetäubend, der Kopf hämmerte und immerzu brüllten sie mir „weiter" zu. Das musste ich alles erst einmal verkraften.

Nach 2:31:41 konnte ich tatsächlich als Erste den Zielstrich passieren. Und damit ging der Rummel erst richtig los. Es gab die japanische Siegerzeremonie, welche mehr war als eine Siegerehrung und damit nicht zu vergleichen ist. Die Presse war da und ich musste Interviews geben, was ich überhaupt nicht kannte. Ein Journalist fragte mich, ob ich denn zu Hause anrufen und von meinem Erfolg berichten wolle. Und was entgegnete ich?

„Geht denn das???"

Darauf bekam ich zu hören: „Ach so, du bist wohl aus der DDR?" Oh wie peinlich. Aber dann rief ich wirklich an. Und das ging so einfach. Man muss wissen, dass es umgekehrt nicht so leicht möglich war, aus der DDR ins „kapitalistische" Ausland zu telefonieren. Wer Verwandte hatte, musste das Gespräch anmelden. Und dann musste man stundenlang auf eine Verbindung warten. Die Gespräche wurden mitgehört, von Privatsphäre keine Spur. Zum Glück hatte meine Mutti Telefon, denn nicht vielen war dies vergönnt. Also wählte der Journalist die von mir genannte Nummer, und am anderen Ende nahm meine Mutti den Hörer ab – ihre Stimme war so deutlich, als würde sie neben mir stehen. Sie war ebenfalls völlig perplex; mir aber hatte der Journalist eine riesige Freude gemacht.

Schließlich war ich froh, wieder im Hotel zu sein. Am Abend stand ja noch das Abschlussbankett an. Zum Glück wusste ich vorher nicht, was da auf mich zukommen sollte. An der Tür zum riesigen festlich geschmückten Saal blieb ich erst mal wie angewurzelt stehen. Es war irgendwie alles zu viel. Auf großen Bildschirmen lief der Marathon noch einmal, überall waren Büfetts aufgebaut, alles rannte durcheinander. Wenn mich ein holländischer Trainer nicht am Arm geschnappt und mitgenommen hätte, wer weiß, wie lange ich dort noch gestanden hätte. Es gab noch mal eine beeindruckende Siegerehrung, dann wurde das Büfett freigegeben. Ich kam gar nicht dazu, etwas zu essen. Alle wollten mit mir fotografiert werden und baten um Autogramme. Es war phänomenal. Aber so ist es bis zu meinen letzten Start in Japan immer wieder gewesen, und ich habe es jedes Mal genossen.

Am Abreisetag kam dann das böse Erwachen. Wir checkten aus. Wir waren nur zu zweit, mein Delegationsleiter und ich, und er erledigte die Formalitäten. Plötzlich kam er wutschnaubend auf mich zu. „Was hast du für einen Mist im Fernsehen geguckt, musst du dir stundenlang Pornos ansehen? Das darf ja wohl nicht wahr sein!", schimpfte er auf mich ein. Ich wusste erst gar nicht, was er meinte, bis er mich darüber aufklärte, dass es sich bei diesen Sendern um Pay-TV-Kanäle handelte und ich das Ergebnis meiner nächtlichen Sendersuche nun bezahlen müsse. Dass ich doch nur für ein paar Minuten hineingezappt hatte, wischte er kurzerhand vom Tisch und glaubte es mir wohl auch nicht. Mir wurde ganz anders, denn ich hatte das wirklich nicht gewusst, und das Geld hatte ich auch nicht. Es waren immerhin fast 50 Mark aufgelaufen, denn nach drei Minuten war immer der volle Tagessatz angefallen. Mit DDR-Mark konnte ich ja nicht zahlen. Was also tun? Die Japaner schienen das alles mitbekommen zu haben und erließen mir zum Glück die Rechnung. Vielleicht waren sie so großzügig, weil ich den Marathon gewonnen hatte? Ich weiß es nicht, war aber sehr froh darüber. Sonst hätte wohl mein Delegationsleiter die Rechnung zahlen müssen, denn die Funktionäre erhielten immer einen gewissen Reservebetrag vom Verband, über den sie aber abrechnen mussten. Und das wäre mir entsetzlich peinlich gewesen. Mir fiel jedenfalls ein Stein vom Herzen.

Aber das dicke Ende kam noch, als der Delegationsleiter seine Abrechnung erhielt. Seine Pay-TV-Abrechnung war viel höher als meine. Er wurde blass und war anschließend ungewöhnlich freundlich zu mir. Allerdings weiß ich nicht, ob er zahlen musste oder ob man auch ihm diesen Betrag erließ.

Es war ein riesiger Triumph für mich, dass ich die Erwartungen, mit denen man mich ins Ausland geschickt hatte, auch wirklich hatte erfüllen können. Und noch etwas hatte ich geschafft. Mit dem Sieg in Osaka hatte ich gezeigt, dass ich richtig rennen kann. Danach hat es dann auch keine Startprobleme mehr gegeben aus Angst, ich könne unser Land vielleicht nicht würdig genug vertreten.

So hatte ich nun die ersten Erfahrungen in einem Übersee-Wettkampf gesammelt und die ersten Lehren gezogen, wie man sich international zu bewegen hatte, was man tat oder was man auch besser sein ließ. Vor allem aber in sportlicher Hinsicht hatte ich eine Marke gesetzt und im internationalen Vergleich mein Können gezeigt. So war es kein Wunder, dass man auch außerhalb der DDR zunehmend auf mich aufmerksam wurde. Rückblickend lässt sich feststellen, dass mir mit dem erfolgreichen Auftritt im Januar 1984 in Osaka der Durchbruch zur Weltspitze gelungen war. Das konnten auch die Funktionäre nicht mehr ignorieren, denn ich war nun über die Grenzen der DDR hinaus bekannt und gefragt. Anfragen zur Teilnahme an Wettkämpfen häuften sich, und sicherlich wäre bald die nächste Reise fällig gewesen (schließlich brachten die Auslandsstarts ja auch Geld in die Staatskasse). Trotz des Reizes, an möglichst vielen Veranstaltungen im Ausland teilzunehmen, gab es für mich im weiteren Verlauf des Jahres 1984 aber einen eindeutigen Schwerpunkt.

Die Olympischen Sommerspiele standen an. Als Veranstaltungsort für die Spiele der 23. Olympiade hatte das amerikanische Los Angeles den Zuschlag erhalten. Die Teilnahme an Olympischen Spielen ist für Sportlerinnen und Sportler das Größte, was ihnen in ihrer Karriere widerfahren kann. Dieses Mal gab es für die Langstrecklerinnen noch ein besonderes Bonbon. Erstmals in der Geschichte der Olympischen Spiele stand in Los Angeles bei den Leichtathletikwettkämpfen der Frauen der Marathonlauf auf dem Programm. Keine Frage, dass sich die Weltelite der Läuferinnen akribisch und hoch konzentriert auf dieses Ereignis vorbereitete. Ich machte da keine Ausnahme. Mein gesamtes Denken und Handeln war ausschließlich auf das kommende sportliche Großereignis ausgerichtet.

Im Blickpunkt:
Zum ersten Mal ein olympischer Frauenmarathon

1984 war es mein ersehntes Ziel, erstmals bei Olympischen Spielen im Marathon zu starten. Als Norm war bei uns eine Zeit von 2:33 festgelegt worden. Diese Zeit hatte ich bereits Ende Januar in Osaka mit 2:31:41 unterboten. Also konnte ich mich jetzt langfristig auf die Teilnahme und ein erfolgreiches Abschneiden vorbereiten. Ich trainierte kaum noch zu Hause, sondern hielt mich fast ausschließlich in Tunesien oder in Höhentrainingslagern in Mexiko bzw. am Belmeken in Bulgarien auf. Da ich hoch motiviert war, machten mir die lange Abwesenheit von zu Hause und das harte Training nicht allzu viel aus. Der in dieser Zeit absolvierte Trainingsumfang lag bei weit über 200 Kilometern in der Woche. Extrem harte Tempoeinheiten waren dabei nicht die Ausnahme, sondern eher die Regel.

In welchem Maße wir an die Grenzen sowohl der physischen als auch der psychischen Belastbarkeit gingen, veranschaulicht das folgende Trainingsschema:

Ein von unseren Trainern gern genutztes Element war der so genannte Tempowechsel. Hierbei wurden fünfzehn Kilometer, unterteilt in 1000-m-Abschnitte, zurückgelegt. Das bedeutete, immer im Wechsel acht schnelle Kilometer in einer Zeit zwischen 2:55 und 3:05 und sieben langsame Kilometer in einer Zeit zwischen 3:40 und 3:45 zu laufen. Die Endzeit dieser 15-Kilometer-Einheit lag bei ungefähr fünfzig Minuten. Für mich war dies das härteste Trainingsmittel, das es gab. Also lief ich mich ein, um dann mit dem Training zu beginnen. Regelmäßig hatte ich große Angst vor dieser Einheit, und bisweilen war mir wirklich zum Heulen zumute. Es nutzte nichts, irgendwann musste ich ja doch damit beginnen. Also lief ich los! Nach etwa 150 Metern blieb ich heulend stehen, es ging einfach nicht. Wolfgang hatte zum Glück Verständnis und sagte: „Gut, wir machen heute Vormittag nichts und laufen zurück ins Objekt." Das war aber noch schlimmer für mich, denn ich wollte es ja schaffen, wollte die Leistung bringen. Also versuchte ich es erneut und startete nach fünf Minuten noch einmal in dem Höllentempo. Und dieses Mal klappte es. Ich überwand die erste schwere Temposequenz, und dann lief es richtig gut. Letztlich war der Lauf dann übrigens prima und ich sehr erleichtert.

Nachmittags stand dann ein lockerer Dauerlauf auf dem Programm. Aber selbst ein solcher 15-Kilometer-Lauf kann zur Qual werden, wenn man am Vormittag hart trainiert hat. Wolfgang begleitete mich auf dem Rad. Ich war so schlecht drauf, dass mich jede Bemerkung nervte. Das ging so weit, dass ich ihm einen Schubs versetzte, sodass er anschließend am Boden lag, aber zum Glück nicht den Abhang zum angrenzenden Stausee hinunterstürzte. Das hätte wirklich böse ausgehen können.

Die Beispiele nenne ich deshalb, damit man sich ein Bild davon machen kann, wie hart die gesamte Vorbereitung war, die ich gerne auf mich nahm, um bei den Spielen für mein Land gut abzuschneiden. Und es ist dann auch besser nachzuvollziehen, in was für ein

Loch wir fielen und wie hart es uns traf, als wir erfuhren, dass es die Olympischen Spiele für uns gar nicht geben würde. Die ganze Welt durfte hin, der Ostblock jedoch, mit Ausnahme von Rumänien, hatte unter der Führung Russlands entschieden, die Spiele zu boykottieren. Vier Jahre zuvor waren mehr als 30 westliche Nationen den Olympischen Spielen in Moskau ferngeblieben. Als Reaktion auf den Einmarsch der Sowjets in Afghanistan verzichtete man darauf, Sportlerinnen und Sportler in die russische Hauptstadt zu entsenden. Vier Jahre später folgte die „Rache" des Ostblocks, kurzfristig sagte man die Teilnahme an den Spielen ab. Letztlich blieb diese Demonstration aber ohne große Auswirkungen, denn trotz des Boykotts von 15 Ländern verzeichneten die Olympischen Sommerspiele mit 140 teilnehmenden Nationen einen neuen Rekord. Umso bitterer für uns, die trotz intensivster Vorbereitung nicht dabei sein durften.

Der Schock - Olympiaboykott

Die Art und Weise, wie wir von dem Boykott erfahren haben, war absolut typisch für unser System. Wir waren gerade im Trainingslager auf dem Belmeken, als es plötzlich hieß, am Abend sollten alle DDR-Sportler, die sich dort oben zum Vorbereitungstraining aufhielten, zusammenkommen. Wir waren ein buntes Häuflein. Ich kann mich unter anderem an Ringer, Gewichtheber und. Ruderer erinnern.

Als wir alle versammelt waren, ergriff ein Herr Ries das Wort. Er erklärte uns, dass wir wegen mangelnder Sicherheit und vor allem wegen des „Klassenkampfes" nicht nach Los Angeles fahren könnten. Rumms. Das saß. Und vor allen Dingen entsprach es natürlich nicht der Wahrheit, denn was bitte schön sollte denn in dem ‚Hochsicherheitstrakt' Los Angeles das Sicherheitsrisiko sein? Wir alle wussten, dass es nur die Retourkutsche für 1980 war. Es war ein politischer Machtkampf, der auf unseren Rücken ausgetragen wurde. Der damalige Staatschef der UdSSR bestimmte und wir, insbesondere die treuen Vasallen aus der DDR, gehorchten. Damit war die Sache für die Offiziellen erledigt, für uns allerdings nicht.

Überleg dir mal, manche Sportler hatten nur wegen der Olympischen Spiele weitergemacht, härteste Trainingslager auf sich genommen, ohne Rücksicht auf Familie oder persönliche Belange. Die hatten wir hintangestellt, um unser Land würdig zu vertreten – und natürlich auch wegen des unglaublichen Reizes einer Olympiateilnahme – und jetzt das. Als Außenstehender kann man sich gar nicht vorstellen, was da in einem Sportler so alles abgeht. Und dass die Funktionäre, allen voran der Überbringer der schlechten Nachricht, Herr Ries, wirklich keine Ahnung vom Leistungssport und der Psychologie von Sportlern hatten, zeigte seine Vorgehensweise. Denn an just dem Tag, als wir abends zusammengerufen wurden und man uns mitteilte, dass wir nicht teilnehmen würden, war ich ihm bereits begegnet, ohne zu ahnen, wer er war und welch wichtige Rolle er noch spielen sollte.

An diesem Tag unternahmen die meisten Teilnehmer des Trainingslagers einen Ausflug nach Velingrad. Dies war eine willkommene Abwechslung, hatte man doch die Möglichkeit zu einem Stadtbummel mit Shopping. Dort, wo wir trainierten, gab es nämlich nur die Unterkünfte und die Trainingsanlagen. Es gab weder Radio noch Fernsehen. Wir Deutsche hatten lediglich die Möglichkeit, drei Mal die Woche einer Filmvorführung beizuwohnen. Der nächste Ort war mehr als zwanzig Kilometer entfernt, und es war für uns normalerweise unmöglich, dorthin zu kommen. Dementsprechend begehrt war die Teilnahme an solch einem Ausflug. Ich selbst nahm dieses Mal nicht teil, da ich mein Training nicht umbauen wollte und ausgerechnet an diesem Tag wichtige Einheiten auf dem Programm standen. Also war ich die einzige deutsche Sportlerin im Objekt. Am Vormittag absolvierte ich intensive Tempoläufe über einen recht langen Zeitraum. In einer kurzen Trainingspause kam ein Unbekannter auf mich zu und sagte, er sei sehr erstaunt über meine harten Läufe und ob ich jetzt denn damit fertig wäre und den Rest des Tages frei hätte. Ich konnte ihm nur antworten, dass erst die Hälfte des Vormittagsprogramms vorüber und das gleiche Pensum noch einmal zu absolvieren sei. Und am Nachmittag stünde die nächste Trainingseinheit an. Er machte große Augen und beobachtete mich intensiv bis zum Schluss meines vormittäglichen Trainings. Das fand ich sogar gut, denn es motivierte mich. Danach sagte er mir wieder, wie schön es jetzt sei, frei zu haben. Ich dachte nur, was für ein Tourist, der weiß ja gar nichts über unser Training. Ich vermute, er hat es mir nicht geglaubt, als ich ihm darauf erwiderte, dass am Nachmittag noch ein langer Dauerlauf und anschließend athletisches Training auf dem Plan standen. Aber er konnte sich nach der Mittagspause selbst davon überzeugen, denn ich absolvierte den Lauf auf der Aschenbahn gleich vor dem Objekt. Da ich allein trainierte, war dies erforderlich, denn wegen der wilden Hunde, die auch Menschen anfielen, war es verboten, das Gelände ohne Begleitung zu verlassen. Immer wieder fragte ich mich: Wer ist dieser Mann? Später erfuhr ich dass es Herr Ries war.

Natürlich waren wir alle völlig am Boden. Deprimiert, frustriert und wütend. Wie konnte man uns das antun. Unmittelbar vor Beginn der Olympischen Spiele die Teilnehme absagen? Aber damit nicht genug. Die Funktionäre hatten sich etwas ganz Tolles einfallen lassen. Es wurden Gegenspiele organisiert. Alle Länder, die die Olympischen Spiele in Amerika boykottierten, mussten an den so genannten Gegenspielen teilnehmen. Mit Ausnahme von Rumänien waren das alle sozialistischen Staaten. Die Veranstaltung sollte in Potsdam stattfinden. Der Marathonwettkampf war in Berlin-Grünau angesetzt. Was für ein Gegensatz zu Los Angeles – allein die Vorstellung war gruselig. Wie sollte man sich da motivieren. Ich wollte zuerst nicht mehr trainieren, die Vorbereitung hinschmeißen und nach Hause fahren. Und so ging es den meisten von uns. Die ersten beiden Tage nach der Bekanntgabe des Boykotts ging bei mir im Training gar nichts. Einmal am Tag ging ich mit anderen ein Stück wandern, das schaffte ich gerade noch. Ständig musste ich mit den Tränen kämpfen, es war deprimierend. Und dann kam die nächste Hiobsbotschaft. Es war nichts mit Trainingsabbruch und heimfahren. Die strikte Order von oben lautete: Jeder, der sich für Los Angeles qualifiziert hatte, wurde verpflicht, an den Gegenspielen teilzunehmen. Wer sich weigerte, flog aus dem Kader. Und ohne Kaderzugehörigkeit war es definitiv vorbei mit dem Sport. Man bekam keine Schuhe, keine Sportkleidung, hatte keine Möglichkeit mehr zur Teilnahme an Trainingslagern sowie keinerlei Freistellungen bei Wettkämpfen, das heißt, man konnte aufhören. Und das wiederum wollte ich auch nicht. Dafür liebte ich den Sport viel zu sehr. Ich musste mir also Gedanken machen, wie es in Zukunft weitergehen sollte. Ich bereitete mich auf die ‚Gegenspiele' vor, soweit es mir möglich war.

*Pflichtlauf auf dem Kopfsteinpflaster Rundkurs in Karl-Marx-Stadt
1986*

*Kam leider viel zu spät an – das tröstende Telegramm von Wolfgang
nach dem Debakel in Stuttgart 1986*

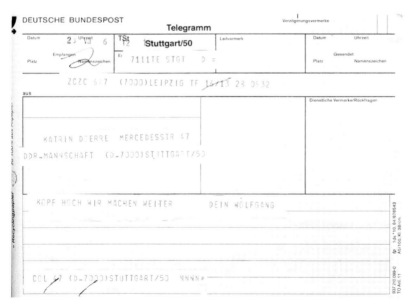

Trainingslager 1983 am Belmeken – Jeder Sportler der das erste Mal oben war wurde von den Berggeistern geprüft und getauft

Nicht nur Laufen war am Belmeken ange-sagt – auch Pilze su-chen stand auf dem Programm

Training auf Dem En Toto in Äthiopien 1985

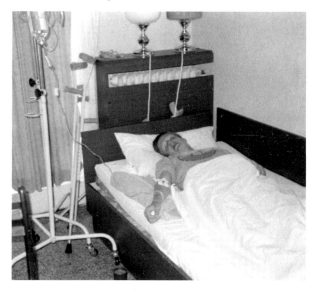

Knallhartes Höhentraining in Bulgarien 1988 – Zur Wiederherstellung ging es an den Tropf

Deutschland – Fußgymnastik nach dem Training

Training in Mexiko trotz Regenzeit

Sieht aus wie ein Trinkgelage – allerdings mit Wasser- und Elektrolytgetränken

Abschlussfest für die DDR Sportler Mexiko 1988

Das Ganze war an Sarkasmus nicht zu überbieten. Alles lief so ab, als würde es gar keinen Boykott geben. Wir wurden vorbereitet, als würde die Reise unverändert zu den Olympischen Spielen nach Amerika gehen. Wir erhielten unsere Olympiabekleidung und traten gemeinsam die Reise an. Allein, es ging nicht zum Flughafen, sondern nach Potsdam bzw. nach Berlin-Grünau. Sogar ein offizielles Bild der DDR-Olympiamannschaft wurde gemacht (welches ich natürlich noch habe, ebenso wie die Zeitungsausschnitte vom Boykott).

Die Ersatz-Olympiade

Während der Rest der Weltelite also in Amerika um olympisches Edelmetall kämpfte, lief ich am 21. Juli 1984 in Berlin den ,Ersatz-Olympiamarathon'. Trotz des offiziellen Brimboriums und des Starts im DDR-Nationalmannschaftsdress war es ein trauriger Ersatz für die ersehnte Teilnahme an den Olympischen Spielen. Kritik durfte man dennoch nicht üben, denn es waren schließlich ,unsere Spiele'. Das war wirklich lächerlich.

Früh morgens um acht war der Start. Als wir ankamen, war die gesamte Szenerie alles andere als motivierend. Es war sicherlich ein schönes Wohngebiet und ganz bestimmt auch ein ausgezeichnetes Umfeld zum Trainieren. Aber um einen Wettkampf durchzuführen erschien die Gegend doch nicht sehr geeignet. Die Strecke lag mitten im Grünen, und im Start- und Zielbereich standen einige kleine Einfamilienhäuser. Willkommen waren wir hier aber nicht. Im Gegenteil. Mir schien, dass sich die Bewohner doch eher gestört fühlten Einige kamen ziemlich verschlafen heraus und erkundigten sich, was denn überhaupt los sei. Schnell war uns klar, dass wir auf keine große Unterstützung durch Zuschauer hoffen konnten und auch keine Anfeuerung zu erwarten hatten.

Aber wie schon erwähnt, die Belange von uns Sportlern spielten halt keine Rolle. Also rannten wir los und versuchten, das Beste aus der Misere zu machen. Eine Runde war etwas über acht Kilometer lang. Wir mussten den Kurs also fünf Mal absolvieren. Obwohl wir nicht gerade olympisches Flair hatten, war ich doch bestens vorbereitet und. lief dementsprechend. Im Ziel hatte ich dann eine Zeit von 2:26:52 erreicht – eine Spitzenzeit, und zum ersten Mal war ich unter zweieinhalb Stunden geblieben. In Los Angeles wäre ich damit ganz weit vorne gewesen. So konnte ich mich zwar in der ewigen Weltbestenliste nur knapp hinter so klangvollen Namen wie Benoit, Roe und Waitz an vierter Stelle platzieren, aber das war nur ein schwacher Trost. Auch die Männer liefen ein tolles Rennen. Jörg Peter absolvierte die Strecke in 2:09:14, Michael Heilmann in 2:09:30.

Alle erreichten Zeiten, Weiten, Höhen und so weiter wurden mit den Ergebnissen bei Olympia verglichen und danach wurden wir eingeordnet. Was für ein Schwachsinn! Keiner weiß, wie wir dort abgeschnitten hätten. Die Motivation wäre schließlich um ein Vielfaches höher gewesen, und auch die klimatischen Bedingungen waren völlig andere. Aber gut, wir hatten dazu eh nichts zu sagen. Man stellte jedenfalls hochoffiziell fest: Ich wäre Dritte geworden, Jörg hätte gewonnen und Michael hätte ebenso wie ich Platz drei belegt. Diese völlig theoretische Platzierung bei der Olympiade war dann ausschlaggebend für gewisse Auszeichnungen, die wir erhielten. So gab es beispielsweise für Platz eins den Vaterländischen Verdienstorden in Gold, für Platz zwei den gleichen Orden in Silber und so weiter. Zudem gab es für die drei Erstplatzierten zur Belohnung eine Schiffsreise. Na, immerhin etwas. Schließlich waren wir nicht gerade verwöhnt, was Reisen betraf.

Aber wieder einmal kam alles anders als geplant. Und warum? Einer unserer lieben Kameraden hatte nach der Bekanntgabe des Boykotts schlichtweg jegliche Motivation verloren und war beim Marathonlauf in Berlin nicht an den Start gegangen. Nun ärgerte er sich und neidete uns die Erfolge und die gewonnene Reise und behauptete einfach, die Strecke sei kürzer gewesen als 42,195 Kilometer. Aufgrund seiner früheren Erfolge hätte man ihn normalerweise weit vorn erwartet. Nun war er aber nicht gestartet. Damit hatte er sich gegen den Verband gestellt, was man ihm sehr übel nahm. Das hinderte unsere grauen Eminenzen aber nicht daran, seine Behauptung ernst zu nehmen, ein Possenspiel erster Güte zu veranstalten und folgende äußerst seltsame Entscheidung zu treffen: Wäre er gelaufen, hätte er – rein theoretisch – gewonnen. Wir anderen hatten nicht die volle Distanz zurückgelegt und unsere Leistungen wurden einfach herabgestuft – ich fand mich plötzlich auf Platz vier wieder, was zur Folge hatte, dass unser „lieber Kamerad" die Schiffsreise antrat und für mich kein Platz mehr auf dem Dampfer blieb. Doppelt bitter für mich war: Ich hatte im Frühjahr den Stadtmarathon in Osaka gewonnen und in der Folge eine Einladung zu einem Marathon in Kanada erhalten. Diese Einladung war aber von der Führung abgelehnt worden, da ich zum Zeitpunkt des Wettkampfes eigentlich auf dem Schiff hätte sein sollen.

Kanada war abgesagt worden, die Schiffsreise machte ein anderer, ich stand also mit leeren Händen da. Aber wenigstens die gelaufene Zeit ist mir geblieben. Obwohl die Strecke ja zu kurz gewesen sein soll. Pustekuchen. Der vierte Platz in der Weltbestenliste, den ich mir erkämpft hatte, war immerhin eine internationale Angelegenheit. Daher wurde unsere Strecke von einem internationalen Messbüro nachgemessen. Nun ratet mal, was dabei heraus kam? Die Strecke war pro Runde 8 m zu lang. Wir sind also nicht zu wenig, sondern insgesamt vierzig Meter zu viel gelaufen.

Ein Gutes hatten diese offiziellen Schikanen und die Organisation der Gegenspiele im Nachhinein aber doch. Hieraus, genauer gesagt, bei der offiziellen Einstimmungsveranstaltung auf die Gegenspiele, ergab sich eine Begegnung, die für mein weiteres Leben richtungweisend sein sollte. Gerade eben bin ich wieder an meinem Trainer und Lebensgefährten vorbeigeflitzt. Ich soll ein bisschen mehr Gas geben, meint er, warum eigentlich? Verstehe ich nicht, denn ich habe das Gefühl, gut im Plan zu liegen. Es ist auch gar nicht so einfach, aus einem Laufrhythmus heraus, der sich eingependelt hat, stark zu beschleunigen. Ich schaue mich mal um, ob da wer von hinten kommt, aber niemand ist zu sehen. Vielleicht mache ich aufgrund meiner intensiven Gedanken über die früheren Zeiten einen etwas verträumten Eindruck. Wenn der wüsste, dass ich gerade an ihn denke, und wie das damals so war. Nach anfänglichen Problemen mit Wolfgang, meinem neuen Trainer, hat sich unsere Beziehung immer weiter verbessert. Und dann kam der entscheidende Moment im Vorfeld der Gegenspiele.

Wolfgang und ich – wie alles begann

Wolfgang und ich waren, nachdem er unsere Trainingsgruppe übernommen hatte, wie Hund und Katze. Ich hatte keinen Respekt vor ihm, da er sich nie die Mühe gemacht hatte, sich über unser damaliges Training zu informieren. Meine Achtung ihm gegenüber entwickelte sich erst mit der Zeit, als er sich in die Materie hineinkniete. Zumindest hatten wir dann ab etwa Mitte 1983 ein recht gutes Verhältnis, das jedoch auf einer reinen Sportler/Trainer-Basis beruhte.

Er war verheiratet, hatte zwei Söhne, lebte aber von seiner Frau bereits getrennt. Wolfgang hatte sich in einer Dachgeschosswohnung in einem Altbau zwei Zimmer eingerichtet. Dort wohnte er schwarz. Schwarz bedeutet, dass er grundsätzlich keine Chance auf eine eigene Wohnung hatte und einfach in leer stehende Räume eingezogen war, ohne dort gemeldet zu sein. Die Wohnung war ihm aber dennoch ziemlich sicher, da sie nicht vermietet werden konnte. Das Dach war undicht, und er musste bei Regenwetter diverse Schüsseln aufstellen, um das eindringende Wasser aufzufangen. Die zum Heizen der Wohnung notwendigen Kohlen wurden „organisiert", denn ohne Anmeldung gab es keine Kohlenkarte, und ohne Kohlenkarte keine Kohlen. Im Winter mussten außerdem sämtliche Wasserleitungen dick eingepackt werden, da sie sonst eingefroren wären.

So viel als Vorrede zu den damaligen Verhältnissen, als wir uns näher kamen. Nach der Bekanntgabe des Boykotts wurden die Gegenspiele organisiert. Das heißt, wir wurden nominiert, als wäre nichts gewesen. Für alle „Olympiateilnehmer" wurde im Vorfeld der Spiele ein Ausflug mit geselligem Beisammensein veranstaltet. Wir fuhren mit dem Bus zu einer Töpfereibesichtigung mit anschließendem Abendbrot. Und nebenher gab es jede Menge Sekt. Zu später Stunde ging es mit dem Bus wieder zurück. Ich glaube, der Hürdensprinter Thomas Munkelt kam auf die Idee, den angebrochenen Abend in einer Nachtbar ausklingen zu lassen. Alle noch anwesenden Sportler waren dabei, und hinzu kam Wolfgang als einziger Trainer, da er in die Gruppe prima reinpasste. Ich machte mir über all dies keine Gedanken, denn ich war vom vielen Sekt ganz schön angeheitert. Außerdem konnte ich mit dem Begriff Nachtbar nicht viel anfangen, denn es sollte mein erster Besuch in einem solchen Etablissement werden. Auch wie wir dort reingelangten, wurde mir erst nach und nach bewusst. Dass Wolfgang den Eintritt für mich bezahlt hatte, erfuhr ich ebenfalls erst viel später. Ich hatte übrigens überhaupt kein Geld dabei. In der Bar wurde mir dann allmählich klar, auf was ich mich da eingelassen hatte. Und mir war schon bewusst, dass am nächsten Tag ein knallharter 30-Kilometer-Lauf auf dem Plan stand. Schließlich befand ich mich ja doch irgendwie in der „Olympiavorbereitung". Irgendwann nach ein Uhr brachen wir dann endlich auf. Ich wollte nur schnell nach Hause. Ich hatte auch ein ungutes Gefühl, da ich noch bei meiner Mutti wohnte und wusste, dass sie sich Sorgen machte. Wolfgang begleitete mich zur Straßenbahnhaltestelle. Wir warteten auf den nächsten „Lumpensammler", die Straßenbahn, die nachts alle Stunde fuhr. Gegen zwei Uhr fuhren wir dann Richtung „Heimat". Wolfgangs Dachgeschosswohnung lag in der Nähe meiner Wohnung, er hätte lediglich eine Station früher aussteigen müssen. Doch ich war heilfroh, dass er mich noch nach Hause bringen wollte. Ich allein im Dunkeln, oje, alter Schisser!!!

Das letzte Stück des Heimwegs war sehr lustig. Komisch, dass mir gerade dies so deutlich im Gedächtnis haften geblieben ist. Es schüttete wie aus Kübeln. Ich hatte zwar einen Schirm, aber der war für uns beide zu klein, sodass wir beide nass bis auf die Haut wurden. Auf diesem Weg gestand Wolfgang mir mit einem Mal seine Zuneigung. Ich muss sagen, auch er war mir zu diesem Zeitpunkt nicht mehr egal. Trotzdem konnte oder wollte ich ihn nicht ernst nehmen, schließlich hatten wir Alkohol getrunken. Zudem war er noch verheiratet, auch wenn er sich inzwischen von seiner Frau getrennt hatte. Ich war äußerst skeptisch und hinzukam, dass ich mich auf keinen Fall in eine Beziehung einmischen wollte. Und für ein Abenteuer oder als Lückenbüßerin war ich mir zu schade. Das habe ich ihm zwar erst Monate später gesagt, aber mich von Anfang an entsprechend verhalten. Ich dachte wirklich, dass er mich nur veralbern wollte.

Am nächsten Tag stand die besagte 30-Kilometer-Einheit an, bei der er mich auf dem Rad begleitete. Unablässig wollte er mich davon überzeugen, dass alles, was er am Abend zuvor zu mir gesagt hatte, der Wahrheit entsprach. Mir erschien das alles ziemlich suspekt und ich dachte nur: „Erzähl ruhig, du meinst es eh nicht ernst." Aber er ließ nicht locker. Wir trafen uns bald dann auch außerhalb der Trainingszeiten und merkten schnell, dass wir uns viel bedeuteten.

Aber bis wir wirklich zusammenkamen, vergingen Monate, denn ich konnte meine Skepsis lange Zeit nicht ablegen. Neben unserer sich entwickelnden Beziehung ging der Trainingsalltag selbstverständlich weiter. Sport und Disziplin hatten absolute Priorität. Dies bedeutet aber nicht, dass es im geregelten Trainingsbetrieb nicht gelegentlich zu ausgesprochen ‚chaotischen' Begebenheiten gekommen wäre.

Exzess im Trainingslager – Chaotenjahre

Auch wir Sportler und Sportlerinnen waren wahrlich keine Waisenkinder. Wir haben gerne einmal über die Stränge geschlagen und auch reichlich Mist verzapft. So zum Beispiel im Rahmen eines Trainingslagers. Wir waren eine bunt gemischte Truppe aus Älteren und Jüngeren. Und wie das bei solchen Gelegenheiten oftmals ist, tauchte eines Abends plötzlich eine Flasche Kräuterlikör auf und machte die Runde. Eigentlich mag ich keinen Kräuterlikör, aber um keine Spielverderberin zu sein, habe ich jedes Mal, wenn ich an der Reihe war, brav einen Schluck genommen. Mit jeder Runde spürten wir die Wirkung des Alkohols ein wenig mehr. Hups, dachte ich mit einem Mal, was ist denn jetzt los? Mir gegenüber begannen doch tatsächlich zwei damit, sich zu befummeln. Schnell wandte ich mich ab und bekam es mit einem Mal regelrecht mit der Angst zu tun. Wo würde das wohl enden? Die anderen, die das wohl bemerkt hatten, lachten und meinten: „Katrin, du siehst das viel zu verbissen. Komm, trink noch einen Schluck!" Ich trank – nicht nur einen Schluck –, und irgendwann wurde es mir hundeelend. Das hätte ich wissen müssen. Ich vertrage halt keinen Alkohol. Es ging mir so schlecht, dass ich schlagartig meinen Mageninhalt nach oben kommen spürte. Verflixt, wo war die Toilette. Die Sache wurde jetzt ernst. Und mit Entsetzen erfuhr ich, dass die einzige Toilette ein Stockwerk weiter unten zu finden war. Das war eindeutig zu weit. Meine Übelkeit war so stark, dass ich diese Strecke keinesfalls mehr zurücklegen konnte. Panikartig suchte ich nach einer Alternative und fand sie in Form des Fensters. Diese Distanz war gerade noch zu schaffen. Am Fenster angelangt beugte ich mich hinaus und übergab mich heftig.

Was ich nicht wusste: Das Gebäude war nagelneu, so neu, dass die Maler noch mit den Restarbeiten beschäftigt waren. Die Fassade war gerade erst frisch gestrichen worden und zeugte nun überdeutlich vom exzessiven Zechen und den Spuren meiner Übelkeit. Einer der Mitzecher lachte sich schier kaputt und wollte sich das Spektakel von unten betrachten – leider lief er direkt unserem Delegationsleiter in die Arme. Dem war angesichts des Zustandes und der Schnapsfahne sofort klar, was sich bei uns abgespielt hatte. Also stand uns Riesenärger ins Haus. Vielleicht hätten wir ohne die Begegnung unser Gelage vertuschen können, und ich hätte mich mit einer plötzlichen unerklärlichen Übelkeit am nächsten Morgen aus der Affäre ziehen können. Aber nun ging das nicht mehr, und ich hatte das Schlimmste zu befürchten.

Glück im Unglück – eines der Mädels hatte einen guten Draht zu den Malern, die, als sie von meinem Missgeschick hörten, sofort bereit waren zu helfen. Am frühen Morgen haben sie mit frischer Farbe die Spuren meiner Magenkapitulation schnell beseitigt. Als unser Delegationsleiter zum Scherbengericht kam, war vom Malheur des vorangegangenen Abends nichts mehr zu sehen. Das milderte die Sache zwar ein wenig, aber wir hatten zu Hause dennoch eine ernste Aussprache zu erwarten.

Die Aussprache mit dem DDR-Cheftrainer in Leipzig war nach unserer Rückkehr angesetzt. Bis zum Abschluss des Trainingslagers hatte ich Schiss davor, was wohl kommen würde. Mein schlechtes Gewissen spornte mich zu härtestem Training an. Ich gab täglich mein Äußerstes. Meine Trainingsresultate sollten für sich – und für mich – sprechen. Und wieder einmal hatte ich Glück. Man verzieh uns den Ausrutscher und ordnete für zukünftige Trainingslager ein generelles Alkoholverbot an. Es war ein grober Verstoß gewesen, aber aufgrund unserer sportlichen Erfolge bis zu jenem Zeitpunkt und des verbissenen Trainings mit entsprechenden Resultaten durften wir dennoch im Kader bleiben. Und es war in der Tat großes Glück, nicht aus dem Kader geflogen zu sein, denn sonst wäre es vermutlich nicht zu meiner späteren Karriere mit vielen Höhepunkten gekommen.

Wie im Herbst 1984, als nach den verpassten Olympischen Spielen ein weiteres sportliches Highlight anstand. Im November sollte es bereits wieder nach Japan gehen. Auf dem Programm stand der Tokio-Marathon. Einen Unterschied gab es allerdings zu den früheren Läufen. Dieses Mal kam ich nicht als Unbekannte, sondern als Favoritin über diese Distanz. Und ich wurde dieser Rolle gerecht, denn ich gewann in 2:33:23, obwohl ich keineswegs in Hochform war. Ganz im Gegenteil. An diesem 18. November in Tokio habe ich wohl die meisten Nerven bei einem Marathon gelassen. Ich konnte nämlich plötzlich nicht mehr laufen. Ich hatte mir eine Wadenverhärtung zugezogen, wie ich es vorher noch nie erlebt hatte. Medikamente, Massagen, nichts half. Zu guter Letzt kam einer der Betreuer auf eine für DDR-Verhältnisse ungewöhnliche und eigentlich verbotene Idee: Wir fuhren zu einem Akupunkteur. Diese wurden bei uns als Wunderheiler betrachtet, und schon den Besuch bei einem herkömmlichen Arzt hätten wir uns eigentlich genehmigen lassen müssen. Aber die Gefahr war einfach zu groß, dass ich nicht würde laufen können. Die Akupunkteure, die wir aufsuchten, wandten mir völlig fremde Methoden an. Die Nadeln wurden direkt in die schmerzende Stelle gestochen, aber sofort wieder herausgezogen – anschließend wurde heißes Wasser darüber geschüttet. Die Behandlung erfolgte zwei Tage vor dem Lauf und wurde am darauf folgenden Tag wiederholt. Und es half tatsächlich, ich konnte an den Start gehen. Aber es war entsetzlich nicht zu wissen, ob ich in der Lage sein würde, durchzulaufen: Ich war ein Nervenbündel und konnte mich mit nichts anderen als mit meiner Verletzung beschäftigen. Aber alles ging gut. Schon kurz nach dem Start war ich erleichtert und spürte – die Wade hält. Und letztlich habe ich dann ja auch gewonnen.

1985 – das Jahr der Cups und Flops

Eigentlich hätte ich nach Tokio erst mal eine Pause einlegen sollen. Aber daran war überhaupt nicht zu denken. Denn 1985 standen erneut sportliche Großereignisse an. Mit dem Weltcup in Hiroshima sowie dem Europacup in Rom warteten die nächsten Herausforderungen auf mich. Diese Wettbewerbe bedeuteten gleichzeitig neue Auslandsreisen und internationale Wettkämpfe – und an beidem hatte ich großen Gefallen gefunden. Hierfür lohnte es sich schon, ernsthaft und diszipliniert zu trainieren, um punktgerecht auf dem höchstmöglichen Leistungsniveau zu sein. Zumal die Läufe für Wolfgang und mich noch eine ganz andere Bedeutung erlangt hatten. Denn allen Anlaufschwierigkeiten und Zweifeln zum Trotz waren wir uns nahe gekommen. So nah, dass wir zu Beginn des Jahres 1985 beschlossen, eine gemeinsame Wohnung zu suchen. Nun war das nicht so einfach, wie man sich das heutzutage vorstellt. Nicht nur auf Autos musste man lange warten, ebenso verhielt es sich mit Wohnungen. Normalerweise hätte es sicherlich etliche Jahre gedauert, bis uns eine gemeinsame Bleibe zugewiesen worden wäre. Nun gut, bei den Leistungsträgern der DDR sah das schon ein wenig anders aus. In unserem Fall von hatte man sich etwas ganz Besonderes einfallen lassen.

„Gewinn den Weltcup in Hiroshima!" So lautete die „Empfehlung" des Wohnungsamtes in seiner Funktion als offizielles Organ. „Gewinn den Weltcup, dann bekommt ihr eine Wohnung von uns zugewiesen."

Das war natürlich ein enormer Anreiz für mich, obgleich ich den im Grunde gar nicht nötig gehabt hätte. Wenn ich an den Start gehe, dann habe ich sowieso dieses Ziel im Kopf, und allein der sportliche Wettkampf ist mir Anreiz genug, um den Sieg zu kämpfen. Aber was soll's, wenn man glaubte, mir solch eine Belohnung als zusätzliche Motivation geben zu müssen, dann sollte mir das auch recht sein. Natürlich gab ich in Hiroshima alles. Schließlich ging es dort um den ersten Weltcup im Frauen-Marathon. Ich holte mir zwar einen kräftigen Sonnenbrand auf der Strecke, aber es gelang mir, nach 2:33:30 das Ziel als Erste zu erreichen. Mit dem verlangten ersten Platz im Gepäck fuhren wir nach Hause.

Wolfgang und ich warteten gespannt auf die versprochene Wohnung, aber, wie kaum anders zu erwarten, nichts geschah. Letztlich war natürlich der Sieg für mich das Wichtigste gewesen, aber das nicht eingehaltene Versprechen ärgerte mich schon und schließlich wollten wir ja auch endlich zusammen wohnen. Aber wir mussten uns in das Unvermeidliche fügen und auf die nächste Gelegenheit warten – und die ergab sich im Herbst.

Im September stand der Europacup in Rom auf dem Programm. Auch dieses Mal kam die ermunternde Aufforderung: „Gewinne in Rom, dann bekommt ihr die Wohnung!" Das kannte ich doch schon.

Allmählich dämmerte es mir, dass es vermutlich noch lange so weitergehen würde. Und ich sollte mich nicht getäuscht haben.

Ich trat also beim Europacup an und rannte mit unserer Wohnung im Hinterkopf an den Sehenswürdigkeiten Roms vorbei um den Sieg. Nach meinem zweiten Sieg in diesem Jahr konnte doch mit der Wohnung nichts mehr schief gehen, aber auf die Zuweisung warteten wir vergeblich. Wolfgang und ich wollten uns das nicht länger gefallen lassen und heckten einen Plan aus. Unsere Gelegenheit kam mit dem Marathonlauf im März des folgenden Jahres in Nagoya. Als in Japan der Startschuss fiel, marschierte Wolfgang ins Wohnungsamt und ließ sich dort nieder. Während ich wieder einmal um Sieg und Wohnung durch die Straßen hetzte, wartete er auf die ersehnte Nachricht. Und zum Glück konnte ich zum dritten Mal in Folge als erste Frau das Zielband durchlaufen. Auf schnellstem Weg ging die Botschaft an Wolfgang, der unverzüglich aktiv wurde. Mit der Nachricht von meinem Marathonsieg forderte er die Zuweisung der versprochenen Wohnung, was natürlich zunächst wieder abschlägig beschieden wurde. Aber dieses Mal gab er nicht nach, sondern erklärte, er werde die Behörde so lange nicht verlassen, bis man ihm die Schlüssel ausgehändigt hätte. Sprach's und nahm wieder Platz. Irgendwann dämmerte es denen, dass er es wirklich ernst meinte. Um ihn loszuwerden, wollte man ihn austricksen. Man bot an, ihm die Schlüssel für eine kleine Zweizimmerwohnung zu geben, die er sich ja einmal ansehen könne. Aber nur besichtigen, die Schlüssel müsse er danach zurückgeben. Da kannten sie Wolfgang aber schlecht. Kaum hielt er die Schlüssel in Händen, erklärte er, ohne die Wohnung je gesehen zu haben: „Die gefällt uns, die nehmen wir!" Und mit diesen Worten verschwand er. Ob dieses Vorgehen bei anderen gut gegangen wäre, ist zu bezweifeln, aber bei uns klappte es zum Glück.

Gemessen an heutigen Wohnstandards bot unser erstes gemeinsames Domizil sicherlich keinen besonderen Komfort. Es handelte sich um eine einfache Wohnung in einem Plattenbau im Leipziger Neubaugebiet, aber dafür schön im Grünen gelegen. Wir fanden sie richtig klasse. Natürlich war eine Menge zu renovieren, bis wir uns wirklich wohl fühlen konnten, aber im Laufe des Jahres 1986 war es dann so weit und wir bezogen unsere erste gemeinsame Wohnung.

Annähernd 34 Kilometer sind wir jetzt bereits unterwegs. Zurzeit ist es am Straßenrand wieder rappelvoll. Ein Gelärme und Getöse beim Vorbeilaufen, dass einem der Kopf dröhnt. Es gibt bei jedem Lauf diese Ecken, wo sich besonders viele Zuschauer versammeln. Wenn ich dann so manches Mal die jungen Leute am Straßenrand stehen sehe – Hand in Hand –, dann denke ich mir, dass die sich gar nicht vorstellen können, wie schwer wir es damals in unserem Staat hatten. Und dann noch die zusätzliche Belastung durch das knochenharte Training. Nur war es eben so, dass das Leben in der DDR ohne meine sportlichen Erfolge noch um einiges schwieriger gewesen wäre.

Aber manchmal war es schon ziemlich schwierig, den hohen Ansprüchen immer wieder gerecht zu werden. 1986 war so ein Jahr. Wir hatten viel Zeit und Kraft in die Renovierung der Wohnung gesteckt. Im März hatte ich dann den Marathon in Nagoya in der Spitzenzeit von 2:29:38 gewonnen. Und nun sollte es auf offizielle Anweisung hin bereits im April wieder an den Start gehen. Wer selbst Marathon läuft, weiß, dass so etwas schon fast grober Unfug ist. Die Belastung bei einem Marathon geht an die Substanz, sodass man dem Körper in jedem Fall ausreichend Zeit geben sollte, sich zu regenerieren. Gerade wir Leistungssportler müssen darauf achten, die Belastungen so zu dosieren, dass wir unseren Körper nicht überlasten und nachhaltig schädigen. Aber was hilft es, das zu wissen, wenn die Funktionäre etwas anderes fordern. Wie am 26. April 1986 beim Marathonlauf in Karl-Marx-Stadt.

Ich wollte an dem Wettkampf nicht teilnehmen, denn mir steckte das Rennen vom März in Nagoya noch in den Beinen. Und jetzt, gerade einmal einen Monat später, schon wieder diese Tortur? Aber die Funktionäre hatten entschieden und somit mussten wir auch antreten. Ich ging völlig ohne Motivation an den Start. Aber da man den Lauf zur Pflichtveranstaltung erklärt hatte und der Start auch Bedingung für die Teilnahme an der Europameisterschaft war, die in jenem Jahr in Stuttgart stattfand, blieb mir keine Wahl. Mit meiner Zeit von 2:29:38 in Nagoya hatte ich die EM-Norm bereits erbracht, und da ich unbedingt nach Stuttgart wollte, musste ich nur noch diesen Pflichtlauf hinter mich bringen. Auch die Strecke war schlimm.

Wieder einmal der Rundkurs im Park ohne jegliche Zuschauerresonanz. Außer uns DDR-Läuferinnen waren nur noch einige Russinnen am Start. Und es wurde, wie ich erwartet hatte, ein schlimmer Lauf. Ohne wirkliches Ziel, ohne innere Einstellung, zogen sich die 42 Kilometer furchtbar in die Länge. Mir kam das Ganze schlichtweg sinnlos vor, und wer selbst läuft, kann bestimmt nachvollziehen, dass die sinnlose Bewältigung der Marathondistanz einer körperlichen und seelischen Tortur gleichkommt.

Ich gewann in 2:38:03, die Zeit war also gar nicht mal so schlecht, halt eher wie bei einem langen Trainingslauf. Aber Freude über den Sieg kam wahrlich nicht auf. Die Zweite, eine Russin, kam mit acht Minuten Rückstand ins Ziel. Daran sieht man schon, wie schwachsinnig die Durchführung dieser Laufveranstaltung war. Besser wäre es gewesen, man hätte uns in Ruhe die Vorbereitung auf die EM absolvieren lassen, die in Karl-Marx-Stadt vergeudeten Kräfte hätten wir mit Sicherheit gut gebrauchen können.

Im meinem Leben hatte mit dem Jahr 1986 eine neue Ära begonnen. Nach der ersten Begegnung mit Wolfgang, dem neuen Trainer, hatte sich mein Leben völlig umgekrempelt. Ich war mittlerweile zu einer festen Größe in der Nationalmannschaft der DDR geworden. Wolfgang Heinig, der zunächst ungeliebte Trainer, war mir nach und nach sympathisch geworden. Dann folgte die Entwicklung zum Freund und Partner bis hin schließlich zum echten Lebensgefährten – da musste man sich schon die Frage stellen: Kann das denn gut gehen – Lebensgefährte und Trainer? Meine Antwort darauf: Warum denn eigentlich nicht? Ich sehe dieses Zusammenwirken völlig entspannt. Natürlich prägt die Zusammenarbeit in gewisser Weise den Alltag. Aber ist das denn bei anderen Paaren nicht genauso? Wenn man beispielsweise ein gemeinsames Unternehmen hat oder in anderer Form zusammenarbeitet? Natürlich spricht man dann häufiger über das Zusammenwirken, aber warum sollte sich das im Verhältnis Trainer/Sportlerin gravierend unterscheiden? Wir hatten und haben damit beide kein Problem.

Nachdem sich die neue Symbiose Lebensgefährte und Trainer als ausgesprochen positiv erwiesen hatte, stand der erfolgreichen Fortsetzung meiner Karriere als Läuferin nichts mehr im Weg. Engagiert und motiviert machte ich mich daran, neue Erfolge für mein Land zu erringen. Die nächste Gelegenheit dazu bot sich bei den Europameisterschaften im August 1986 in Stuttgart.

Leider ist der Mensch, selbst wenn er noch so gerne möchte, gegen bestimmte Dinge nicht gefeit – beispielsweise gegen Zahnschmerzen. Jeder weiß oder sollte wissen, wie übel einem die Zähne mitspielen können. Die einzigen, die sich gegen diese allgemein verbreiteten Kenntnisse sperrten, waren, wie schon so oft, unsere lieben Funktionäre.

Im „Versagerzug"

Es geschah im Rahmen der Vorbereitung auf die EM in Stuttgart. Bei uns in der DDR war es üblich, dass sich die ganze Mannschaft in den letzten ein bis zwei Wochen vor der Abreise zum Training in der Sportschule Kienbaum bei Berlin einfinden musste. Diese Sportschule gibt es übrigens heute noch. Ich bekam Zahnschmerzen und ging zum Zahnarzt. Die Röntgenaufnahme zeigte einen Eiterherd, der Zahn musste also gezogen werden, und das Ganze gerade einmal fünf Tage vor meinem Wettkampf. Eigentlich hätte das kein Problem sein sollen, aber die Schmerzen ließen nicht nach. Ob der erzwungene Start in Karl-Marx-Stadt dafür mitverantwortlich war, weiß ich nicht, vermute es aber. Ich musste erneut zur Untersuchung. Man stellte fest, dass beim Ziehen des Zahns zwei Wurzeln abgebrochen und in die Kiefernhöhle gerutscht waren. Es half nichts, die Kiefernhöhle musste geöffnet werden, um die Wurzelreste zu entfernen. Ich hatte also kurz vor meinem Start bei der WM eine dicke Wange, die ich zwar den ganzen Tag kühlte, dennoch verursachte die leichteste Erschütterung starke Kopfschmerzen. Die Wettkampfvorbereitung durfte jedoch nicht unterbrochen werden. So absolvierte ich meine Ausbelastungs-Einheiten auf dem Radergometer, da auf diese Weise die Erschütterungen nicht so groß waren. Dennoch fühlte ich mich erbärmlich, ein Start erschien unmöglich. Schweren Herzens gingen Wolfgang und ich zur Verbandsleitung und sagten, dass ich nicht laufen könne und nach Hause fahren wolle. Mitnichten ernteten wir Verständnis. Es gab keinerlei Pardon, und man machte uns unmissverständlich klar, dass Heimfahren nicht in Frage käme. In jedem Fall müsste ich mit nach Stuttgart fahren, selbst auf die Gefahr hin, nicht am Wettkampf teilnehmen zu können. Mir war klar, dass ich dort auf mich alleine gestellt sein würde, denn die Trainer durften nicht mit. Nur wir Sportler und ein ganzer Stab von Funktionären. Natürlich haben wir nicht widersprochen, denn das hätte fatale Folgen gehabt – mit Sicherheit zunächst einmal ein absolutes Startverbot im Ausland. Also flog ich zwei Tage vor meinen Lauf mit nach Stuttgart.

Am Vortag der EM versuchte ich, ganz locker ungefähr sechs Kilometer zu laufen. Die Erschütterungen spürte ich zwar immer noch, aber es war schon besser als zuvor in Kienbaum. Abends ging ich zum Arzt in der Hoffnung, dass er mir Laufverbot erteilen würde. Aber ich wurde enttäuscht. Die Verantwortung hierfür war ihm wohl zu groß, allerdings nicht die medizinische, sondern die politische. Solch eine Entscheidung hätte er nämlich auch vor der Leitung verantworten müssen. Was tat er also? Er überließ mir die Entscheidung. Was sollte ich bloß machen? Wenn ich nein gesagt hätte, wäre das unter Umständen gleichbedeutend mit dem Ende meiner Karriere gewesen. Das wollte ich nicht. Auf der anderen Seite hatte ich einen Riesenbammel davor, nach der Operation unter Wettkampfbedingungen die Marathonstrecke zu laufen. Würde ich das überhaupt überstehen? Na ja, dachte ich damals aus der Not heraus – vielleicht geht ja doch alles glatt. Ich hatte hart und gut trainiert. Also ging ich an den Start. Und es kam, wie es kommen musste. Der Lauf wurde ein Desaster.

Heute weiß ich, dass der Start unverantwortlich war, denn er hätte schlimmste gesundheitliche Folgen nach sich ziehen können. Die ersten Kilometer ging es noch ganz gut und ich lief sogar vorne im Feld mit. Doch schon bald merkte ich, dass meine Entscheidung falsch gewesen war. Das Hämmern im Kopf wurde stärker und stärker. Die Schmerzen waren kaum noch auszuhalten. Lediglich die Angst vor den Konsequenzen eines Ausstiegs, die mich zu Hause erwartet hätten, ließ mich weiter laufen. Mit fortschreitender Distanz verlor ich jegliches Gefühl für Zeiten und Entfernungen und rechnete nicht mehr in Kilometern, sondern erlebte den Wettkampf nur noch als Abfolge von Getränke- und Wasserstationen. Denn diese brachten durch die Kühlung jedes Mal für kurze Zeit etwas Linderung. Doch irgendwann merkte ich überhaupt nichts mehr. Sämtliche Erinnerungen endeten abrupt ...

... bis ich im Krankenhaus wieder zu mir kam. Später erfuhr ich, dass ich es tatsächlich noch bis Kilometer 32 geschafft hatte, ehe ich das Bewusstsein verlor und von der Ambulanz mit Blaulicht ins Krankenhaus gebracht wurde. Meine Güte, das hätte ein schlimmes Ende nehmen können. Aber es war zum Glück noch einmal gut gegangen, und die anschließende Nacht war die beste seit langem. Mir ging es richtig prima, denn ich bekam so starke Medikamente, dass ich keine Schmerzen mehr spürte.

Ich hatte erwartet, erst einmal in Ruhe gelassen zu werden, aber wieder einmal hatte ich mich getäuscht. Denn nun begann der reinste Psychoterror, sodass die folgenden Tage schlimmer wurden, als es der Lauf gewesen war. Nachdem ich eine Nacht im Krankenhaus verbracht hatte, schaffte man mich zurück in unser Quartier. Früh am nächsten Morgen stürmte Ulrike Bruns in mein Zimmer. Ich war nicht zum Appell erschienen, und sie sollte mich holen. Ich war noch völlig benommen, aber darauf wurde keine Rücksicht genommen. Mir wurde schnell klar gemacht, dass ich als Versagerin galt. Das tat weh, und ich habe mich sehr geschämt Die Mannschaftskameraden, die ihre Wettkämpfen bestritten hatten, machten einen Ausflug an den Bodensee. Ich durfte nicht mit, sondern musste Telefondienst schieben. Und es kam noch schlimmer. Üblicherweise flogen wir nach internationalen Großereignissen wie der EM nach Hause zurück und wurden dort mit großem Bahnhof empfangen. Das galt für die anderen auch dieses Mal, nicht aber für mich, die Versagerin. Für solche wie mich gab es keinen Platz im Flugzeug. Während die Mannschaft sich also für den Heimflug fertig machte, musste ich noch warten und zwei Tage später mit dem ‚Versagerzug' nach Hause fahren. In der Früh gab mir ein Funktionär ein Telegramm. Es war von Wolfgang. Der hatte direkt nach dem Wettkampf an mich geschrieben, um mich aufzumuntern. Aber die Leitung hatte entschieden, es mir nicht zu geben. Ich erhielt es erst am Tag der Abreise. Darin stand: „Kopf hoch - wir machen weiter!"

Das war zu viel. Die ganze Zeit hatte ich meine Gefühle im Griff gehabt, aber jetzt konnte ich mich nicht mehr zusammenreißen. Ich brach weinend zusammen. Welch eine elende Gemeinheit. Wieso hatte man mir das Telegramm vorenthalten? Wie gern hätte ich jetzt mit Wolfgang gesprochen. Aber wir hatten nicht die Möglichkeit, miteinander zu telefonieren. Das war uns strengstens untersagt, und an dieses Verbot hielt man sich. So war ich völlig auf mich allein gestellt. Ulrike Bruns, mit der ich mich gut verstand, nahm mich zum Abschied noch einmal in den Arm, sodass ich wenigstens etwas Trost bekam.

Nun sollte man eigentlich glauben, nach all den Demütigungen als so genannte Versagerin, dem Druck von oben und den immer wieder erlebten Repressalien hätte ich die Nase voll gehabt vom Leistungssport. Natürlich demotivierten und deprimierten solche Erlebnisse. Aber es gab eben auch die andere Seite – die Vorteile, die man hatte, und auch den Stolz, für das eigene Land an den Start gehen zu können, den Triumph, für sich selbst, aber auch für die Heimat und seine Landsleute Siege zu erringen, diese Motivation war immer da. Deshalb kann ich auch heute noch voller Überzeugung sagen: „Ich war immer stolz darauf, für mein Land zu starten."

Ich war immer stolz, für mein Land zu starten

Es war natürlich auch immer Druck dabei – du startest für dein Land, da heißt es sich mächtig reinzuhängen. Aber es war wirklich so – trotz all der Schikanen, die man sich von offizieller Seite mit großer Phantasie einfallen ließ: Wir Sportlerinnen und Sportler waren immer wieder stolz, für unsere Heimat, unser Land, zu starten und möglichst den Sieg mit nach Hause zu bringen.

Und eines ist ja auch klar. Wir genossen eine ganze Menge Vergünstigungen, von denen die normalen Bürger nur träumen konnten. Nicht nur, dass wir als einzige ins westliche Ausland reisen durften. Auch in anderen Bereichen wurden wir bevorzugt behandelt. Wenn ich da zum Beispiel an unser Auto denke. Unseren Trabbi hatten wir bereits nach drei Jahren erhalten. Eigentlich war das unvorstellbar. Andere mussten hierauf zehn Jahre und länger warten. Aber um in den Genuss dieser Bevorzugung zu kommen, musste eben auch die Leistung stimmen. Wir hatten ein Fördersystem, das strikt am Leistungsprinzip orientiert war. Gute Leistungen wurden anerkannt und belohnt, bei ausbleibender Leistung gab es die Knute. Das wäre ja vom Grundsatz her in Ordnung gewesen, wenn es nicht immer wieder willkürliche und nicht nachvollziehbare Entscheidungen gegeben hätte. Denn wenn die Offiziellen aus irgendeinem Grund nicht zufrieden waren, folgte die Bestrafung auf dem Fuß. So wie in meinem Fall nach der EM, als ich mit dem Zug heimfahren musste. Versager hatten im Flugzeug nun einmal nichts verloren. Nur Sieger durften fliegen. Wenn aus organisatorischen oder sonstigen Gründen nur ein Heimflug möglich war, bestand die Bestrafung darin, dass die Gruppe geteilt wurde. Die Erfolgreichen saßen in der ersten Klasse, der Rest wurde auf den „Holzbänken" untergebracht oder durfte erst mit Verzögerung die Heimreise antreten. Strafe musste sein.

Auf der anderen Seite gab es auch schon einmal Prämien für Siege – und besonders schön war es, wenn es diese Prämien in Genex gab. Genex war so eine Art künstlich geschaffener Ersatz für Westgeld. Denn unsere Siegprämien kassierte der Staat. Nach einem Erfolg kam es schon mal vor, dass als Belohnung ein Scheck über vielleicht 500 DM überreicht wurde. Damit konnten wir im Intershop Westwaren kaufen – natürlich nur die, die auch offiziell erlaubt und zugelassen waren. Mit allem anderen musste man sehr vorsichtig sein. Verbotenes durfte weder erworben werden, noch durfte man es sich schenken lassen. Das galt gerade auch für Sportkleidung. Unter Sportlern aus verschiedenen Nationen ist es üblich, die Sportkleidung auszutauschen, wie zum Beispiel der Trikottausch beim Fußball. So etwas gab es bei den Leichtathleten natürlich auch. Uns war das allerdings strikt untersagt. Wir bekamen pro Jahr ein bis zwei Hosen, was natürlich bei der intensiven Beanspruchung viel zu wenig war, so dass die Sachen schon nach kurzer Zeit ziemlich schäbig aussahen. Bekam nun einer von uns im Rahmen einer Sportveranstaltung im Ausland eine Hose geschenkt, beispielsweise von einem anderen Sportler oder von einer Sportartikelfirma, und trug diese dann zu Hause, und sei es lediglich zum Training, riskierte er, sofort aus dem Kader geworfen oder von der Sportschule verwiesen zu werden. Auf diese Weise blieb mehr als ein Talent auf der Strecke.

Aber es war schlichtweg müßig, sich gegen diese Behandlung aufzulehnen. Kritik war nun einmal völlig tabu in der DDR. Mir fiel das mit meiner großen Klappe nicht immer leicht, gerade auch wenn ich mich ungerecht behandelt fühlte. Aber irgendwann hatte auch ich es kapiert und entwickelte die Mentalität: „Entweder du machst mit oder du bist weg vom Fenster ... also halt besser die Klappe ...“

Dennoch waren wir Leistungssportler, wie schon gesagt, die eindeutig Bevorzugten in der Gesellschaft der ehemaligen DDR. Wir konnten eine vernünftige Ausbildung machen und dem von uns gewählten und bevorzugten Beruf nachgehen. Wir bekamen unseren ersehnten Trabbi, wir hatten das größte Privileg, auch ins westliche Ausland reisen zu dürfen, eigentlich ging es uns also sehr gut. Und so muss ich trotz aller Schattenseiten immer wieder sagen: „Ich bin immer stolz gewesen, für unser Land zu starten.“

Und eines der Privilegien im Leben einer Leistungssportlerin waren eben die genannten Auslandsreisen. Nicht nur zu Wettkämpfen, sondern häufig auch zu Trainingslagern. Den Begriff Trainingslager verbindet man im Allgemeinen mit der Vorstellung von erstklassigen Trainingsbedingungen, bevorzugter Behandlung der Sport-Asse und entsprechendem luxuriösem Umfeld. Viele Zuschauer, an denen wir, die Stars, als Erste vorbeilaufen, assoziieren mit Trainingslager sofort noble Hotels, Swimmingpools, erstklassige Behandlung und so weiter. Nicht ohne Neid verfolgt man die Reisen der Privilegierten zu diesen Formverbesserungscamps. Es wäre schön, denkt sich bestimmt manch einer, selbst einmal in den Genuss einer derartigen Vorzugsbehandlung zu kommen. Die Wirklichkeit sieht dagegen bisweilen ein wenig anders aus. Natürlich gab und gibt es immer wieder diese erstklassigen Bedingungen, zum Beispiel beim Höhentraining in Mexiko oder in Davos. Gerade zu Beginn meiner Karriere, als die Leistungskader noch nicht unbehelligt auf ,feindlichem Terrain' trainieren durften und die Trainingslager nur auf dem Territorium befreundeter Nationen stattfanden, kam es bisweilen zu recht abenteuerlichen Begebenheiten.

Trainingslager in Äthiopien

Um in die Höhe zu kommen, waren wir früher oft zu Trainingsaufenthalten in Äthiopien. Unser Hotel war dann im Allgemeinen das Wabe Shebelle in Addis Abeba.

Einmal passierte es, dass just zu der Zeit, als wir unser Trainingsquartier in Addis Abeba beziehen wollten, dort ein Kongress stattfand. Ergebnis war, dass trotz vorheriger Zusage sämtliche Zimmer bereits belegt waren als wir eintrafen. Uns blieb nichts anderes übrig, als uns ein Ausweichquartier zu suchen, welches wir im 90 Kilometer entfernten Nazarett fanden. Zunächst waren wir froh, noch eine Bleibe ergattert zu haben. Diese Freude schlug allerdings schnell in blankes Entsetzen um, als wir feststellten, wo wir gelandet waren. Alle Zimmer waren geradezu verseucht mit Kakerlaken und sonstigen unbekannten Tierchen. Wir besorgten uns umgehend Ungeziefervernichtungsspray und nebelten die Räume erst einmal gründlich ein. Dann verschlossen wir die Türen von außen und ließen die Giftschwaden ihre Wirkung entfalten. Nach einer halben Stunde kehrten wir zurück, fegten das Ergebnis unserer Aktion zusammen und lüfteten die Zimmer gründlich durch, bevor wir sie bezogen. Die Koffer blieben allerdings während des gesamten Aufenthalts unausgepackt – wir wollten lieber erst gar nicht in die Schränke hineinschauen.

Aber – Hauptsache, wir waren im Trainingslager. Leider konnten wir unsere Reinigungsaktion nicht auf das gesamte Hotel ausdehnen, so dass es in der Folge immer wieder zu „tierischen" Überraschungen kam. Zum Beispiel beim Frühstück. Es ist ein schönes Gefühl, am Morgen erst einmal eine gute Tasse Kaffee zu trinken, um wach zu werden. Weniger schön wird es aber, wenn du nach einem kräftigen Schluck plötzlich etwas Fremdes in deinem Mund spürst. Und eklig wird es, wenn du den Fremdkörper ausspuckst und er sich als Kakerlake entpuppt, die offenbar in der Kaffeekanne übersehen und mit dem Kaffee frisch aufgebrüht wurde. Auf diese Weise konnte einem der Appetit schnell vergehen.

Aber nicht nur das Hotel selbst, auch die Umgebung hielt manche Überraschung bereit. Wir absolvierten natürlich pflichtgemäß unsere Dauerläufe – das war ja schließlich der Zweck unseres Aufenthalts. Hierfür gab es in der Umgebung von Nazarett nur eine einzige Straße. Und die wurde von allen und zu jedem Zweck genutzt. Wir trainierten, die Bauern trieben ihre Rinder- und Schafherden darüber, und Lastkraftwagen nutzen sie zum Transport von Gütern zwischen den Orten. Nun darf man nicht glauben, dass so ein Lkw-Fahrer in irgendeiner Form Rücksicht genommen hätte. Nein, den Fuß auf dem

Gaspedal, wurde alles niedergewalzt, was zur falschen Zeit am falschen Ort war – auf der Straße eben. Uns Läuferinnen und Läufern war das zwar unangenehm, aber wir konnten uns darauf einstellen. Nicht so die Tiere. Die wurden bei solchen Gelegenheiten gleich gruppenweise umgemäht und blieben anschließend unbeachtet auf und neben der Strasse liegen. Nun weiß man ja, dass es tagsüber in Äthiopien, auch in der Höhe, recht warm wird. Lief man dann einige Tage später an diesen Opfern der Lastwagen vorbei, hatten sie häufig schon den Zustand erheblicher Verwesung erreicht. Abgesehen von Insektenschwärmen erfüllte dann auch ein infernalischer Gestank die Luft, so dass wir diese Stellen nur mit angehaltenem Atem passieren konnten, was bei flottem Dauerlauf nicht immer ganz einfach war. Ergebnis dieser Begleitumstände war, dass wir alle erkrankten.

Die Trainer, die nicht jeden Tag sportliche Höchstleistungen bringen mussten, versuchten sich durch den Genuss diverser alkoholischer Getränke zu immunisieren, aber bei uns Sportlern ging das natürlich nicht. Wir durften Alkohol nur anwenden, wenn wir uns eine Blase gelaufen oder sonst eine Wunde zugezogen hatten. So etwas war dann aber trotz Desinfizierung fast schon die Garantie für eine unangenehme Infektion.

Zum Glück dauerte der Aufenthalt nur eine Woche. Dann war die Konferenz beendet und wir konnten zurück nach Addis Abeba in unser bewährtes Hotel. Natürlich war auch dort vieles sehr einfach, aber es war sauber, und wir hatten uns an die sonstigen Unzulänglichkeiten gewöhnt. Wer schon einmal da gewesen war, versuchte beim Einchecken in eines der Zimmer in den unteren Etagen zu gelangen. Dort, so wussten wir, war die Wahrscheinlichkeit am größten, dass auch Wasser aus den Leitungen kam. Für die oberen Etagen reichte der Druck nicht aus, dort musste man sich zum Waschen mit Wasserflaschen behelfen.

Meine damalige Trainingskameradin war Ulrike Bruns. Wir hatten festgestellt, dass wir im Training gut harmonierten und absolvierten unsere Laufeinheiten gemeinsam. Jeden Morgen machten wir zum Einstieg eine zügige Fünf-Kilometer-Einheit. Zweieinhalb Kilometer führte die Strecke bergauf und dann im Bogen zurück. Nun lernten wir die andere Seite von Äthiopien kennen. Hatten wir in Nazarett unter den Folgen der in der Hitze verwesenden Kadaver gelitten, mussten wir hier feststellen, dass die nächtliche Kälte ebenso ihren Tribut forderte. In Äthiopien wird es nämlich nachts richtig kalt. Und da es sich um ein armes Land handelt, leben viele Menschen in den Städten auf der Straße. Fast jeden Morgen trafen wir bei unserem Lauf auf Leichen. Menschen, die in der klirrenden Kälte der Nacht erfroren waren und am Morgen dann tot auf den Wegen und Straßen lagen. Es war schon ein seltsames Gefühl, morgens bisweilen Slalom um diese armen Opfer laufen zu müssen. Im Laufe des Vormittags wurden die Kälteopfer regelmäßig aufgesammelt und zum Verscharren vor die Tore der Stadt gekarrt – und der eine oder andere wachte aus seiner nächtlichen Starre dabei wieder auf und sprang noch rechtzeitig vom Karren – so genau schauten die Sammler wohl nicht hin. Diese Eindrücke belasteten uns doch sehr.

Später war Mexiko häufig Ziel des Höhentrainings. Das war natürlich etwas anderes – von den Bedingungen her war es dort optimal und auch unter hygienischen Gesichtspunkten einwandfrei. In der Höhe von 2.200 Metern lag unser Hotel, von dem aus wir Zugang zu verschiedenen sehr anspruchsvollen Trainingsrunden in ungefähr zwanzig Kilometern Entfernung hatten. Da war die ‚Airport-Strecke‘, ideal für schnelle Dauerläufe. Oder eine weitere Strecke, bei der es zuerst ausgesprochen profiliert über ungefähr 2,8 km ging, bevor wir dann ein herrliches Waldstück erreichten und nach weiteren 3,2 km wieder am Ausgangspunkt ankamen.

Und im Gegensatz zu anderen Trainingscamps wie in Äthiopien, wo man uns neben den schon erwähnten schwierigen Bedingungen auch schon einmal beim Vorbeilaufen mit Steinen bewarf, oder in Bulgarien, wo wir uns häufig aufhielten, herrschten hier optimale Bedingungen, und wir waren völlig ungestört. Zu Bulgarien muss ich unbedingt noch etwas berichten.

Das ist mir nämlich gerade durch den Kopf gegangen, als ich im Vorbeilaufen am Straßenrand einen recht großen Hund gesehen habe – zum Glück angeleint, sonst wäre mir gar nicht wohl gewesen. Wer nämlich der Meinung ist, nur Hobbyläufer hätten ihre Probleme in Wald und Feld mit dem vierbeinigen Freund des Menschen, der täuscht sich gewaltig. Reichlich Bekanntschaft mit dem Thema machten wir mit schöner

Regelmäßigkeit in Bulgarien. Die dortigen Trainingslager waren näm-lich auch immer abenteuerlich.

Wir fuhren recht häufig dorthin – zur Formausprägung, wie es ge-nannt wurde. Das war immer eine heiße Sache, denn die Hunde haben uns schwer zu schaffen gemacht. Es handelte sich um große Hirtenhun-de, die oft sich selbst überlassen waren und dann Jagd auf uns machten.

Weniger Probleme hatten wir dann später in Mexiko. Private Train-ingslager in Mexiko waren aber eben erst nach der Wende möglich. Und daran konnte beim besten Willen und bei größter Phantasie im Jahr 1986 noch kein Mensch denken.

Damals war die Krönung der Auslandsaufenthalte immer wieder Japan. Und für die Starts dort wurde aufs Intensivste trainiert. Hartes Training war auch nötig, denn die Anforderungen wurden immer grö-ßer. Im Frühjahr 1986 hatte mit dem Marathon in Nagoya eine Serie von Starts begonnen, die man als „japanische Jahre" bezeichnen kann.

Passend zum Auftakt meiner Japan-Tournee legte ich in Nagoya im März wieder einmal eine blitzsaubere Leistung hin, unterbot mit 2:29:38 zum zweiten Mal in meiner Karriere die Zweieinhalbstun-den-Marke und gewann souverän.

Die ,blonde Läuferin aus Deutschland' war den japanischen Ma-rathon-Fans schon längst aufgefallen, und nachdem ich 1986 noch einmal in Tokio und 1987 in Seoul und dann im November erneut in Tokio am Start zu finden war, entwickelte sich aus Bekanntheit und Bekanntschaft allmählich eine regelrechte Freundschaft. Ich gab mir aber auch immer Mühe, den Leuten etwas zu bieten.

Einer der spannendsten Läufe, die ich den Zuschauern in Japan geboten habe, war sicherlich der Marathon in Tokio am 16. Novem-ber 1986. Zum ersten Mal traf ich dort auf eine mir klar überlegene Gegnerin – Rosa Mota. Nachdem ich ja erwiesenermaßen auch gute Zeiten laufen konnte, war mein Ziel, an ihr dran zu bleiben. Und so sind wir das Rennen gemeinsam angegangen. Die Zwischenzeiten auf den ersten 20 Kilometern sprachen für sich. 17:03 - 16:45 - 17:10 - 17:19 Minuten jeweils für Fünf-Kilometer-Abschnitte, das war echt flott. Und ich lief wacker mit, obwohl es mir nicht leicht fiel. Ich schob diese Schwierigkeiten zumindest teilweise auf den Gegenwind, den ich zu verspüren glaubte. Da es eine Wendepunktstrecke war, setzte ich auf die zweite Hälfte des Rennens. Ab Kilometer 15 beschleunigte Rosa nochmals und lief Zeiten um die 16:40 – und mir fiel es immer schwerer, dran zu bleiben.

Meine ganze Hoffnung setzte ich auf den Wendepunkt bei der Hälfte der Distanz, denn ich hoffte auf ein wenig Erleichterung durch Rückenwind. Der ersehnte Wendpunkt kam, und ich dachte, mich haut es um – der Wind blies mir ins Gesicht. Wir hatten gar keinen Gegenwind gehabt, sondern es war wohl der ‚Fahrtwind' wegen unseres Tempos gewesen, und die Erschöpfung kam daher, dass ich sowieso schon ziemlich ‚tot' war. Ich war total schockiert und werde das wohl nie vergessen. Der Wind kam jetzt nur noch von vorne und ich dachte: „Katrin, du kommst nie ins Ziel." Meine 5-Kilometer-Abschnitte lagen jetzt bei fast 19 Minuten, ich hatte mich zu Beginn total falsch eingeschätzt. Na ja, ins Ziel kam ich dann doch noch als Zweite in 2:31:54, aber es war mir eine Lehre.

Und diese Lehre gedachte ich ein Jahr später, beim nächsten Tokio-Marathon, zu nutzen. Obwohl die Vorzeichen nicht unbedingt günstig standen, als ich am 14. November 1987 am Start stand. Ich hatte aufgrund einer Stressfraktur im Sommer nur wenig Lauftraining machen können. Mit Schwimmen und umfangreichem Radtraining hatte ich zwar viel kompensieren können, mir fehlten aber einfach ein paar zusätzliche Laufeinheiten. Erst fünf Wochen vor dem Marathon konnte ich wieder mit dem Laufen beginnen und war dementsprechend unsicher, ob dies überhaupt funktionieren konnte. Nach fünf Kilometern setzte sich Karla Beursken aus Holland ein wenig vom Feld ab. Vorsichtig, wie ich war, ließ ich sie erst einmal laufen. Aber so bei der Hälfte der Strecke merkte ich, dass es richtig gut bei mir lief. Also arbeitete ich mich allmählich an Karla heran, auch um ein bisschen Windschatten zu bekommen. Ich schaute alle fünf Kilometer auf die Uhr, und war jedes Mal erstaunt, wie schnell ich war. Die ganze Zeit wartete ich auf den Einbruch, der meiner Ansicht nach irgendwann kommen musste. Bei Kilometer 30 dachte ich: „Mensch, bis 35 noch in diesem Tempo weiter, dann bleiben nur noch sieben, die du dich wirklich quälen musst." Aber auch bei Kilometer 35 kam kein Einbruch. Ich konnte unvermindert schnell weiter laufen. Es machte einfach riesigen Spaß, zu spüren, dass es super lief. Selbst auf den letzten fünf Kilometern. Ich wollte versuchen, obwohl die Strecke leicht anstieg, die 3:30 pro Kilometer zu halten. Und es klappte. Ich war sogar noch ein bisschen schneller. Immer wieder der Blick auf die Uhr – ich wurde einfach nicht langsamer. Und schließlich lief ich, völlig unerwartet, meine absolute Bestzeit in 2:25:24 – und gewann natürlich. Es war wirklich ein genialer Lauf

Das waren schon Zeiten in Japan. Wir sind eben an einem Polizisten vorbeigerannt, der dafür sorgt, dass kein Auto unseren läuferischen Vorwärtsdrang bremst und behindert. Ich will gar nicht wissen, wie viele Leute heute damit beschäftigt sind, dafür zu sorgen, dass wir hier unbehelligt laufen können. Und darunter mit Sicherheit jede Menge Polizisten. Wenn die wüssten, dass ich quasi eine Kollegin bin. Und das als unmittelbare Folge meiner freundschaftlichen Verbindung zu Japan. Als Ergebnis meiner Popularität wurde mir nämlich eine ganz besondere Ehre zuteil. Wer kann schon von sich behaupten, einmal zum japanischen Polizeihauptwachtmeister ernannt worden zu sein, ehrenhalber natürlich. Ich kann es.

Ich hatte die Ehre, zwei Mal den Eid zu sprechen. Es gehört in Japan dazu, dass eine ausgewählte Sportlerin den Eid spricht, den Wettkampf entsprechend dem sportlichen Kodex zu bestreiten. Zunächst war ich gar nicht begeistert, denn vor einer riesigen Menschenmenge den Eid zu sprechen, zudem in einer völlig fremden Sprache, machte mir Angst. Der Eid wurde nämlich auf Japanisch verlesen, und trotz meiner Liebe zu dem Land – die Sprache beherrschte ich nun einmal nicht. Beim ersten Mal hatte ich den Text zwei Tage vor dem Start bekommen. So lange hatte ich Zeit und diese nur damit zugebracht, den Eid zu lernen. Vor dem Spiegel habe ich geübt, mit entsprechender Arm- und Körperhaltung. Dabei musste ich allerdings immerzu lachen, denn ich kam mir ziemlich albern vor, wusste aber, dass dies für die Japaner eine sehr ernste Angelegenheit war. Vor dem Sprechen des Eides war ich dann viel aufgeregter als vor dem Wettkampf selbst. Mein einziger Wunsch war, mich nicht zu versprechen, denn das wäre mir sehr peinlich gewesen. Aufgrund des intensiven Lernens habe ich den Eid so verinnerlicht, dass ich ihn wohl nie vergessen werde. Und so gab ich meine erste Vorstellung in japanischer Sprache und gelobte, dass alle Läuferinnen bei dem Wettkampf hier in Osaka alles geben würden, zu kämpfen bereit waren und so weiter. Und ich habe es wohl ganz gut hingekriegt – zumindest nach dem Applaus zu urteilen – und das, obwohl ich die Sprache überhaupt nicht kann – sie ist für mich immer noch ein Buch mit sieben Siegeln und noch mehr Fragezeichen. Aber das Erlebnis war wirklich beeindruckend.

Später durfte ich den Eid noch mal sprechen – zusammen mit einer japanischen Läuferin, die auch schon seit vielen Jahren dabei ist. Das war zwar nicht mehr ganz so aufregend wie beim ersten Mal, aber trotzdem um einiges schwieriger für mich. Abwechselnd hat jede eine Zeile der Eidesformel aufgesagt, und die Schwierigkeit für mich bestand darin, dass ich den richtigen Einsatz finden musste – und das ohne ein Wort zu verstehen. Dementsprechend froh war ich, als es überstanden war – und ich war nass geschwitzt wie nach einem harten Training oder Wettkampf. Aber ich war mir natürlich der unglaublichen Ehre bewusst, die mir zuteil geworden war, und ich war sehr stolz darauf.

Eine andere Ehrung erfuhr ich im Zusammenhang mit der Teilnahme an einem Halbmarathon in Japan. Ich wurde für einen Tag zur Polizeihauptwachtmeisterin ernannt, ehrenhalber. Ich bekam eine Uniform, durfte im Büro auf dem Hauptwachtmeister-Stuhl Platz nehmen und hatte eine offizielle schriftliche Ernennung – im Grunde hätte ich dort Gesetze erlassen können. Als der Chef mich dann durch den Dolmetscher bitten ließ, ihm auf den Kasernenhof zu folgen und dort eine Formation der Polizeikräfte abzuschreiten, habe ich zunächst an nichts Schlimmes gedacht. Wir stiegen eine Wendeltreppe hinab, und bei einem zufälligen Blick aus dem Fenster dachte ich, mich trifft der Schlag. Ich weiß gar nicht, wo die all die Polizisten hergeholt hatten – der riesige Hof stand voll mit japanischen Ordnungshütern in Reih und Glied. Vorne die Streifengänger, dahinter Polizei mit Fahrrädern, dann mit Motorrädern und Autos und ganz hinten sogar mit Panzern. Zwischen jeder Reihe war so viel Platz, dass ich die Formationen abschreiten konnte. Zuerst aber wurde ich auf eine Bühne geführt, wo ich eine kurze Ansprache halten sollte – mein

Herz war in die Hose gerutscht – was um Himmels Willen sollte ich denn nur sagen? Ich bekam Panik und wäre am liebsten im Erdboden versunken. Aber irgendwie bekam ich es hin. Ich sprach von der Bedeutung der Polizei, die Land und Bürger schützt – keine Ahnung, woher die Worte kamen, aber zum Glück fielen sie mir ein. Dann wurde die Parade abgenommen, und immer wieder musste ich, mit Hilfe des Dolmetschers, zu einzelnen Polizisten ein paar Worte sagen. Ich dachte damals, dass es für sie entsetzlich langweilig gewesen sein musste. Später habe ich allerdings erfahren, dass jeder von ihnen unbändig stolz war, dort gewesen und von Dörre San persönlich angesprochen worden zu sein. Ein unvergessliches Erlebnis, an das ich sehr gerne zurückdenke.

Passenderweise fanden die Olympischen Sommerspiele 1988 in Asien statt. Der Marathonlauf der Frauen in Seoul war fast so etwas wie ein Heimspiel für mich. In der Vorbereitung startete ich im Frühling noch in Huy und siegte beim dortigen Europacup in einer Zeit von 2:28:58. Besonders schön war, dass endlich einmal auch Wolfgang dabei war und ich vor seinen Augen gewinnen konnte. Das war ein tolles Gefühl. Die stärksten Gegnerinnen waren die russischen Läuferinnen. Zum Ende blieb nur noch eine Fünfergruppe übrig. Dann waren wir nur noch zu dritt, und vor uns lag eine ziemlich lange Steigung kurz vor dem Ziel. Ich nahm mir vor: „An diesem Berg erzwingst du die Entscheidung", und zog das Tempo entsprechend an. Es gelang mir auch mich abzusetzen und den Sieg zu erringen.

Danach war mein gesamtes Denken und Handeln auf die Olympischen Spiele ausgerichtet. Noch einmal eine solche Enttäuschung wie vier Jahre zuvor wollte ich nicht erleben. Mit ungeheurem Ehrgeiz bereitete ich mich vor. Die Intensität der Vorbereitung lässt sich unschwer anhand der Aufzeichnungen in meinem damaligen Trainingstagebuch ablesen.

Bereits früh im Jahr ging es in die schweren Höhentrainingslager. Die Stimmung unter den Sportlerinnen und Sportlern war prima, und wir alle freuten uns auf das anstehende Ereignis. So hätte die Vorfreude ungetrübt sein können, wenn nicht wieder einmal die besondere Spezies von DDR-Machtträgern in Erscheinung getreten wäre – unsere Funktionäre. Und dieses Mal übertrafen sie sich geradezu selbst.

Olympische Spiele in Seoul 1988 – die Mannschaft der DDR in offizieller Reisekleidung

Die Unterkunft der Sportler in Seoul

Die Ehrentafel im Mannschaftsquartier mit den Namen aller Medaillengewinner

Als Gewinnerin der Bronzemedaille mit dabei – Katrin Dörre

Zusammen mit Birgit Stephan beim Schmusen mit dem Olympiamas-
kottchen von Seoul 1988

Es gibt Dinge, die kann man sich aus heutiger Sicht überhaupt nicht mehr vorstellen. Wie zum Beispiel dies: Da werden die besten Athletinnen und Athleten eines Landes auf die Teilnahme an den Olympischen Spielen vorbereitet. Sie werden in Trainingslager geschickt, arbeiten hart und erbringen täglich absolute Höchstleistungen im sportlichen Bereich. Und damit all das auch aus medizinischer Sicht überwacht werden kann, werden sie von Ärzten begleitet. Plötzlich stellt einer dieser Mediziner fest, dass es unter den Sportlern jemanden gibt, über den er sich früher einmal geärgert hat. Und prompt beschließt dieser ,Helfer', es dem Sportler endlich heimzuzahlen. Eigentlich kaum zu glauben, aber es ist tatsächlich so geschehen.

Ich hatte es ja eingangs schon beschrieben, wie mir im Jahr 1988, ausgerechnet in der Vorbereitung auf die Olympiateilnahme, ein gesunder Zahn gezogen wurde. Ob so etwas auch heute noch möglich wäre? Kann ich mir eigentlich nicht vorstellen. Aber auch zur damaligen Zeit konnte man sich solches im Grunde nicht vorstellen.

Links und rechts von mir sind einige Läufer stetig mit im gleichen Tempo unterwegs wie ich es laufe. Ob die wohl bereit wären, sich einen Zahn ziehen zu lassen, nur um weiter laufen zu dürfen?

Was mache ich mir hier eigentlich für wirre Gedanken, frage ich mich auf einmal.

„Katrin, hör auf zu träumen und achte auf die Strecke", rufe ich mich zur Ordnung. Da vorne geht es nämlich ziemlich eng um eine Kurve und ich möchte nicht aus dem Tritt geraten und stürzen – und mir dabei womöglich einen gesunden Zahn ausschlagen.

Nachdem die leidige Zahnsache durchgestanden war, konnte es auch im Jahr 1988 wieder weiter gehen und dann war es endlich so weit. Ich durfte zum ersten Mal an den Olympischen Spielen teilnehmen – für mich ging damit ein Traum in Erfüllung. Diese Tage in Seoul waren schlichtweg unbeschreiblich. Vielleicht war es ja die tiefe Enttäuschung vier Jahre zuvor gewesen, die die Teilnahme für uns alle noch viel wertvoller machte, als sie ohnehin war. Jedenfalls war die Stimmung bei allen phantastisch. Wir waren eine echte Mannschaft, ein wahres Team, in dem jede Leistung entsprechend gewürdigt wurde. Und nach all den Querelen der vergangenen Jahre, meinen gesundheitlichen Problemen, dem Tod meines Vaters, dem Theater um den Trainer, meinem Beinahe-Rücktritt vom Leistungssport, konnte ich solch ein ungetrübtes Erlebnis wirklich gebrauchen. Die Spannung stieg immer weiter und erreichte am Vorabend des Laufs ihren vorläufigen Höhepunkt. Einige Teammitglieder hatten ihre Wettkämpfe bereits erfolgreich bestritten, und morgen sollten wir dran sein. Am Abend gab es dann das obligatorische Schlückchen Sekt vor dem Einschlafen. Diese Angewohnheit hatte ich mir von der missglückten Olympiateilnahme vier Jahre zuvor bewahrt.

Wie es dazu kam, am Vorabend eines Marathonlaufes Sekt zu trinken

Von Waldemar Cierpinski, unserem erfolgreichen Langstreckler, hatten wir gehört, dass er am Vorabend eines Marathons gerne ein bisschen Sekt trank. Wir hatten gedacht, dass er uns veralbern wollte – und im Vorfeld unserer Wettkämpfe auf diese vorabendliche Stimulation verzichtet.

1984 hatte es ja den Boykott gegeben, schließlich die Gegenolympiade und in diesem Zusammenhang einen Ausflug für alle Nominierten. An jenem Abend wurde viel Sekt getrunken – und nichts anderes. Durch das harte Training war der Körper völlig ausgepowert. In solch einer Phase verträgt man sowieso nicht viel. Dementsprechend war ich ordentlich beschwipst. Erst nach Mitternacht war ich zu Hause, und am nächsten Tag standen zügige 30 Kilometer auf dem Programm.

„Oh je", dachte ich seinerzeit, „der Abend war ja schön, aber heute wird es wohl nichts werden mit gutem Training." Ich bin dennoch losgelaufen – und es ging absolut locker. Wolfgang sagte immer wieder: „Nicht so schnell, du hast noch ein weites Stück vor dir – dass du nur ordentlich durchkommst."

Aber bei mir lief es super. Und es hörte nicht auf. Die gesamte Laufeinheit konnte ich problemlos bewältigen. Ich lief die 30 Kilometer in 1:45 Stunden – das hatte ich vorher noch nie geschafft, und es war damals eigentlich viel zu schnell für mich. Die Zeit entsprach einem Kilometerdurchschnitt von ungefähr 3:30 Minuten. Und das durch Wald und Feld über eine profilierte Strecke. Unwillkürlich kam mir damals der Gedanke: „Da muss doch tatsächlich was dran sein an dem Sekt." Neugierig wie ich bin, habe ich mich erkundigt und von mehreren Fachleuten die Bestätigung erhalten. Wenn man nach dem Sektgenuss zeitig ins Bett geht, nicht über den kommenden Wettkampf nachgrübelt, sondern schläft und sich eine gewisse Lockerheit bewahrt, dann funktioniert das wirklich. Seither gehört es zum Vorbereitungsritual – vor dem Wettkampf gibt es das Schlückchen Sekt.

Das konnte später schon mal dazu führen, dass wir Mädels eine regelrechte Sektbar aufmachen konnten. Ich kann mich noch genau erinnern, als Birgit Stefan, damals noch Birgit Weinhold, Gabi Martins und ich gemeinsam unterwegs waren. Und jede von uns hatte ein Fläschchen dabei. Zuerst haben wir die kleinste aufgemacht und zu dritt getrunken. Dann, und das war ein Fehler, wurde die nächste Flasche geköpft und ebenfalls geleert. Und die dritte Flasche musste schließlich auch noch dran glauben. Das war tödlich. Das Durcheinandertrinken war fatal. Eingeschlafen bin ich ja noch gut. Aber in der Nacht bin ich aufgewacht, geplagt von Übelkeit und Kopfschmerzen, und dachte nur noch: „Großer Gott, was soll ich tun?" Ich habe dann eine Kopfschmerztablette genommen, bin am Morgen aber trotzdem wie gerädert aufgewacht. Ich habe eine weitere Tablette „eingeworfen" und mich gefragt, wie ich den Wettkampf bloß durchstehen sollte. Na ja, da musste halt mal wieder richtig gebissen werden. Es gelang mir doch tatsächlich, trotzdem in 2:32 zu gewinnen. Aber das war mir eine Lehre. Seither habe ich mir das Wundermittel Sekt nur noch in kleinen Mengen gegönnt und vor allen Dingen keine verschiedenen Sorten mehr durcheinander getrunken. So etwas sollte mir nicht mehr passieren.

Im Jahr meines olympischen Erfolgs war es zum Glück nicht zu solchen Ausschweifungen gekommen, so dass ich mit klarem Kopf die Siegerehrung genießen konnte. Ich war glücklich.. Dieser Triumph, die unglaubliche Kameradschaft in unserer Mannschaft und sicherlich auch die Tatsche, dass danach erst einmal für eine Weile

Schluss war mit der Teilnahme an Wettkämpfen, haben Seoul als unvergessliche Erinnerung fest in meinem Gedächtnis eingebrannt. Es waren die schönsten Olympischen Spiele, die ich erlebt habe

Wie heißt es doch? Wenn es am schönsten ist, sollte man aufhören. Auch wenn es schwer vorstellbar war, schon kurz nach dem wunderschönen Erlebnis Olympia beschloss ich nach Rücksprache mit Wolfgang, meinem Trainer und Partner: Schluss mit dem Sport. So groß war mittlerweile der Wunsch nach einem gemeinsamen Kind, dass wir uns, ungeachtet des internationalen Erfolgs und der zunehmenden Popularität, nicht davon abhalten lassen wollten. Was das bedeuten würde, war uns natürlich klar. Zumindest eine Pause war zwingend erforderlich, aber aller Voraussicht nach würde es sogar das Aus beim Leistungssport bedeuten. Denn in der DDR bedeutete Mutter zu sein: Keine Trainingslager, keine Auslandsstarts – die Gefahr der Flucht wäre viel zu groß gewesen. Es sei denn, ich hätte das Kind immer zu Hause gelassen. Aber war das erstrebenswert? Viel zu oft hätte das der Fall sein müssen. Streng und unerbittlich waren die Regeln. So hätte ich mich entscheiden müssen: Der Sport oder das Kind. Und diese Entscheidung hatte ich längst getroffen.

Kind oder Sport

Nachdem wir uns entschieden hatten, Nachwuchs zu bekommen, dauerte es auch gar nicht lange, bis ich schwanger wurde. Am 22. August 1989 brachte ich unser Kind zur Welt. Ein Mädchen, das wir Katharina nannten. Dies bedeutete für mich natürlich eine grundlegende Umstellung meines Lebens. Während sich früher alles um den Sport, das Training und die Wettkämpfe gedreht hatte, bestimmte nun meine kleine Tochter das Geschehen. Und sie hielt mich wahrlich auf Trab.

Ein wenig Zeit musste ich mir dennoch für den Sport nehmen, denn noch war ich in der Phase des Abtrainierens. Wenn man, so wie ich, lange Jahre Hochleistungssport betrieben hat, dann darf man damit keinesfalls von heute auf morgen aufhören. Genauso allmählich, wie der Körper an die Leistung herangeführt wird, muss er nach und nach wieder an das niedrigere Niveau gewöhnt werden. Und das tat ich zunächst einmal.

Für uns war die weitere Entwicklung klar. Wolfgang würde weiterhin als Trainer tätig sein, und ich würde den Sport aufgeben, mich wieder intensiv um mein Studium und vor allem um Katharina kümmern. Es wäre in unserem System völlig unmöglich gewesen, mit einem Kind zu Hause Leistungssport zu betreiben. Oder nahezu unmöglich zumindest. In jedem Fall hätte ich dann mein Kind extrem in den Hintergrund stellen müssen. So hätte Katharina weder mit in die Trainingslager gedurft, in denen wir uns ja sehr häufig aufhielten, noch hätte ich sie zu Wettkämpfen mitnehmen dürfen. Und ohne Teilnahme an den Höhentrainingslagern wäre es sehr schwierig gewesen, weiterhin in der Spitze mitzulaufen. Ganz davon abgesehen wäre es unvorstellbar gewesen, gemeinsam ins Ausland zu reisen. Niemals hätte es dafür eine Genehmigung gegeben. Zu groß hätten unsere Funktionäre die Gefahr eingeschätzt, dass ich mich mit dem Kind im Gefolge abgesetzt hätte. Noch nicht einmal mit Wolfgang durfte ich gemeinsam ins Ausland reisen, geschweige denn mit Kind. Und das Kind zu Hause lassen und alleine in Sachen Sport durch die Weltgeschichte fahren. Nein, das kam für mich von vornherein nicht in Frage. Ich setze doch kein Kind in die Welt, nur um es dann immer wieder allein zu lassen. Also fand ich mich damit ab, dass diese Phase meines Lebens vorbei war. Schade zwar, aber nun einmal nicht zu ändern. So begann ich mein Babyjahr damit, abzutrainieren.

Was allerdings geändert werden konnte, war unsere Wohnungssituation. Da war eine Veränderung auch dringend angesagt. Die kleine Zweizimmerwohnung, die wir uns vier Jahre zuvor gemeinsam ertrotzt hatten, ich durch meine sportliche Leistung und Wolfgang durch seine unerbittliche Standhaftigkeit, platzte mit dem Nachwuchs nun schier aus den Nähten. Glücklicherweise mussten wir dieses Mal nicht zu solchen Anstrengungen greifen wie bei der ersten Wohnung. Wir konnten ganz unproblematisch innerhalb des Wohnblocks zwei Etagen nach unten in eine Dreizimmerwohnung ziehen. Wer selbst schon umgezogen ist, weiß, dass auch solch ein Umzug mit großem Aufwand verbunden ist. Ob wir diesen Aufwand wohl auf uns genommen hätten, wenn wir auch nur geahnt hätten, was kurz darauf geschehen sollte?

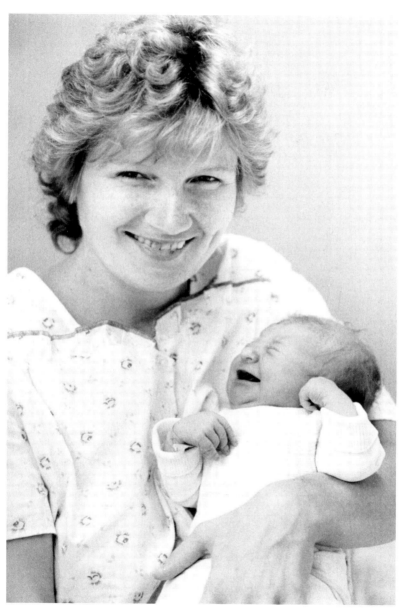

August 1989 – Katharina gerade mal 20 Stunden alt

Nach der Wende alles auf die Karte Sport – Training in der Höhe von Mexiko

*Der Trainer und Lebensgefährte
ist immer dabei – zu Rade*

...oder mit dem Auto

Bronze beim Marathon der Frauen in der Hitzeschlacht von Tokyo 1991

Unerwartet, aber genau zum richtigen Zeitpunkt – die Wende

Im Jahr 1990 veränderte sich alles. Für die Deutschen sowohl im Osten wie auch im Westen. Zwei getrennte Nationen wurden wieder zu einem Volk vereint. Zwei Kulturen, politisch, wirtschaftlich wie auch sportlich, wurden zu einer Einheit zusammengefasst. Das Leben veränderte sich für viele der Beteiligten rasant und grundlegend. Diese Veränderungen wurden individuell sehr unterschiedlich empfunden. Für mich, die ich eigentlich mit dem Gedanken an den Leistungssport, an Trainingslager und Auslandsreisen bereits abgeschlossen hatte, bedeutete die Wende jedenfalls zunächst einmal: Keine Grenze mehr! Keine Gefahr des Absetzens! Keine Einschränkungen – und damit auch kein Grund mehr, nicht mehr Sport zu treiben! Was vorher unmöglich gewesen wäre, war mit einem Mal überhaupt kein Problem mehr. Die sportliche Karriere konnte, trotz Mann und Kind, fortgesetzt werden.

Alles auf die Karte „Sport" – 1990

Mir stand mit einem Mal die sportliche Welt wieder offen. Wovon ich nicht einmal zu träumen gewagt hätte, war eingetreten. Damit war mir klar, dass ich mich wieder voll reinhängen würde. Mit dem Kind, das war ja kein Problem mehr, denn ich konnte Katharina überall mit hinnehmen. Auslandsreisen, Trainingslager; die Welt stand offen. Also fing ich so schnell wie möglich wieder an zu trainieren. Und abgesehen von den sportlichen Anreizen hatte ich noch eine zusätzliche Motivation. Ich wollte unbedingt meine alte Figur zurückhaben.

Trotz meines Entschlusses, meine sportliche Karriere fortzusetzen, wäre das gar nicht so einfach gewesen. Selbst ohne die besonderen Anforderungen des Leistungssports wäre es für mich ohne Hilfe kaum machbar gewesen, Studium, Training und Kind unter einen Hut zu bekommen. Zum Glück erhielt ich große Unterstützung seitens meiner Mutti. In der DDR war es so geregelt, dass jede Frau, die ein Kind bekam, ein Babyjahr machen konnte, ohne dadurch finanzielle Einbußen zu erleiden. Die Lohnzahlung lief einfach weiter. So sprachen wir schon frühzeitig mit meiner Mutti, ob sie bereit wäre, an meiner Stelle das Babyjahr zu nehmen. Dies war in der DDR möglich und wurde auch häufig genutzt. Als sie zusagte, war ich sehr erleichtert, denn so konnte ich mein Studium fortsetzen und hatte außerdem Zeit zum trainieren.

Eng war es trotzdem. Mein Tagesablauf sah so aus, dass ich frühmorgens vor dem Studium, wenn Wolfgang noch zu Hause war, den ersten Dauerlauf machte, meistens so gegen 5:30 Uhr. Anschließend versorgte er oder ich unsere Tochter, und wenn wir los mussten, kam meine Mutti, um sich weiter um Katharina zu kümmern. Zwischen 16 und 17 Uhr war ich im Allgemeinen zurück. Dann konnte auch meine Mutti wieder nach Hause. Es war nicht so, dass ich alle Arbeit auf sie abwälzte, um Gottes Willen. Sicher nahm sie mir vieles ab, aber Windeln kochen (wir hatten noch keine Wegwerfwindeln), bügeln und einiges mehr waren meine Aufgaben. Das heißt, ich nutzte die wenige Zeit, die ich am Tag hatte, gemeinsam mit Katharina zu verbringen und mit ihr zu genießen. Erst wenn sie abends im Bettchen lag und auch Wolfgang zu Hause war, um sich um sie kümmern zu können, zog ich meine Sportsachen an und fuhr zu meiner Mutti, wo ich ein Laufband stehen hatte. Dort konnte ich dann trotz Dunkelheit noch trainieren. So fing ich meistens erst gegen 20 Uhr mit meiner Haupteinheit an. Wenn ich dann noch eine längere Strecke absolvierte, was keine Seltenheit war, war ich auch erst nach 22 Uhr fertig. Ich denke, die Mitbewohner waren oft genervt, denn so ein Band macht einen ganz schönen Krach. Gegen 23 Uhr war ich dann wieder zu Hause, und es ging mit Windeln waschen, spülen und bügeln weiter. Sicher half Wolfgang mit, aber er war auch viel unterwegs, da er noch eine Trainingsgruppe betreute. Aus heutiger Sicht war es eine Wahnsinnszeit, und wie ich das alles geschafft habe, ist mir selbst jetzt noch teilweise schleierhaft.

Gelernt habe ich meist während des Trainings. Bei den Athletikübungen hatte Wolfgang meine Bücher und fragte mich ab. Bei Einheiten auf dem Laufband klebten überall Zettel. So lernte ich während des Laufens. Es ging nur auf diese Weise, da ich die Zeit außerhalb von Studium und Training ganz bewusst mit unserer Tochter und mit Wolfgang erleben und genießen wollte. Bauchmuskeltraining zum Beispiel machte ich zu Hause, und zwar gemeinsam mit

Katharina. Ob Sit ups, Armkraft- oder andere Übungen, ich machte sie so, dass ich Katharina auf dem Arm oder auf dem Bauch hatte. Sie war begeistert, juchzte dabei, und ich konnte meine Athletikübungen machen. Das Schönste war, dass wir das alles gemeinsam erlebten.

An dieser Stelle möchte ich meiner Mutti ein Riesenkompliment machen. Es gibt keine bessere Person, der ich Katharina hätte anvertrauen können. Mit ihrer Erfahrung als ehemalige Kindergärtnerin und zweifache Mutter hat sie sich derart intensiv mit Katharina beschäftigt, dass diese schon von klein auf neugierig und forschend jede Kleinigkeit in sich aufnahm und eine tolle Entwicklung nehmen konnte.

Rückblickend betrachtet hatte die Grenzöffnung viele Vorteile für mich. Wir merkten allerdings sehr schnell, dass nicht alles wirklich Gold war, was glänzte. Wir mussten verdammt viel lernen, denn mit einem Mal kamen viele neue Herausforderungen auf uns zu.

Bis dahin war uns ja alles vorgegeben worden. Was wir zu tun und zu lassen hatten, wann wir wo zu sein hatten und an welchen Wettkämpfen wir teilnehmen sollten. Die Ausgewählten trafen sich am Flughafen Berlin-Schönefeld oder auch an der Bushaltestelle, je nach Wettkampfstätte, und dann ging alles seinen „sozialistischen" Gang. Wir hatten uns sonst um nichts zu kümmern. Jegliche Planung und Organisation wurde uns abgenommen. Andererseits hatte es aber auch keine Möglichkeit gegeben, auszubrechen. Wenn es hieß: Dort und dort bist du für den Wettkampf nominiert, dann hattest du auch dort zu sein. Bei internationalen Wettkämpfen hieß es im Allgemeinen – Ziel Japan. Und wenn es mal einen juckte, in Boston, New York oder Chicago zu laufen, das gab es einfach nicht. Für mich war das, im Nachhinein betrachtet und hinsichtlich meiner Kontakte zu Japan, natürlich sehr gut gewesen. Aber es wäre auch gar nicht anders gegangen. Wir hatten uns aufs Training zu konzentrieren, alles Weitere erledigten andere für uns.

Und dann kam die Wende. Ich möchte nicht unbedingt sagen, dass wir fallen gelassen wurden, aber man kümmerte sich von heute auf morgen um nichts mehr. Wir waren uns völlig selbst überlassen. Ich hatte mich ja aufgrund der neuen Situation entschlossen, mit dem Sport weiter zu machen. Aber das war gar nicht so einfach. Wir mussten ganz schön rudern, um alles zu organisieren. Denn es war ja nicht nur der Sport. Es war das Alltagsleben.

Zum Beispiel Geld und Geldanlagen. Das war vorher ganz einfach gewesen. Wir hatten ein Girokonto mit Sparkonto, da gab es Zinsen drauf und Schluss. Wahlmöglichkeiten gab es nicht. Gleiches galt für Versicherungen. Eine Sorte gab es und gut. Und jetzt wurden wir auf einmal mit unzähligen Angeboten verschiedener Gesellschaften überschüttet. Geldanlagen, Versicherungen, eigentlich wollten wir das alles gar nicht, wussten ja auch nicht wofür, aber es gab keine Chance zu entkommen. Ständig wurden wir belagert und mussten erst einmal versuchen, alles rund um die Wohnung und das Leben irgendwie auf die Reihe zu bekommen – denn es war ja tatsächlich so, dass wir mit einem Mal nicht mehr abgesichert waren.

Ich selbst hatte neben meiner kleinen Familie auch noch das Studium, welches ich fortzusetzen gedachte, und die Wiederaufnahme des Leistungssports. Auch da musste eine Menge organisiert werden. Ziele suchen für Trainingslager und Wettkämpfe, Flüge und Unterkünfte buchen, und natürlich die neuen Ansprechpartner herausfinden. Wir brauchten ja neue Kontaktpersonen. Das war schon alles sehr schwierig.

Bei meinem ersten Marathon nach der Wende, in New York, hat sich, Gott weiß, woher er kam, auf einmal ein so genannter Manager um uns gekümmert. Er hatte Startgeld ausgehandelt, alles in die Wege geleitet und so weiter – doch als es dann ans Auszahlen ging, merkten wir schnell, dass wir in unserer Blauäugigkeit weder einen schriftlichen Vertrag noch sonst etwas Verbindliches in Händen hielten. Ergebnis: Das versprochene und angeblich ausgehandelte Startgeld war viel niedriger als angegeben, und zudem ging der größte Teil davon an den Manager. Na prima.

Aber auch sonst war dieser erste Marathon im freien wilden Westen, wie wir es nannten, so eine Sache. Mein großer Traum war es immer gewesen, einmal in New York zu starten, und dieser Traum ging jetzt tatsächlich in Erfüllung. Doch ganz schnell merkte ich: Die amerikanische Mentalität ist so gar nicht mein Ding. Ich fand alles furchtbar chaotisch. Es war schon ein Abenteuer, überhaupt erst einmal an die Startlinie zu kommen. Schon die Brückenbegrenzungen waren so hoch, dass ich alleine gar nicht rüber kam. Zum Glück haben mir fremde Trainer dabei geholfen, sonst wäre ich gar nicht erst an den Start gelangt, denn den Veranstaltern war das scheinbar völlig egal.

Nach dem Start geht es eine ganze Weile auf der Brücke immer leicht bergan. Man ahnt ja gar nicht, wie lang diese Brücke ist. Ich denke, ich habe mich am Anfang übernommen. Aber ich wollte natürlich im Spitzenfeld bleiben, das ist ja normal. Aber so einen Lauf hatte ich noch nie erlebt. Ich war wirklich nach zehn Kilometern schon kaputt. Und nach der Hälfte der Strecke war ich so was von breit und tot, dass ich gedacht habe: Du kommst niemals ins Ziel. Es ging überhaupt nichts. mehr. Ich habe nur noch ein Bein vor das andere gesetzt und gehofft, irgendwann und irgendwie anzukommen. Im Ziel hatte ich es immerhin geschafft, Dritte zu werden. Eigentlich hätte ich mich richtig freuen müssen. Aber der erste Gedanke im Ziel war – und genau so sagte ich das auch zu Wolfgang: „Das war mein letzter Marathon!" Ich wollte nie mehr einen Marathon laufen, so tot war ich.

Na gut, davon habe ich mich recht schnell erholt, dafür liebe ich den Sport viel zu sehr. Aber es war klar, dass wir neue Wege gehen mussten. Die Umstände hatten sich verändert und dementsprechend mussten wir uns auch anpassen. Und so suchten wir, weil man das wohl so machte, sehr bald einen eigenen Manager – und fanden Helmut Ebert. Obwohl er – zumindest damals – gar kein Manager war, noch nicht. Aber wir hatten uns gefunden, und nun mussten wir eben gemeinsam lernen – möglichst schnell. Sicherlich sind wir am Anfang noch über den Tisch gezogen worden, aber Helmut hat unheimlich schnell gelernt und gilt heute als Top-Manager im Sportbusiness. Wir hatten wirklich Glück, ihn damals gefunden zu haben und sehen das bis zum heutigen Tag so.

Mit den wiederkehrenden sportlichen Erfolgen ergab es sich, dass wir gar nicht mehr nach Startmöglichkeiten suchen mussten, sondern von Veranstaltern angesprochen wurden. Wie schön, einen Manager zu haben, der sämtliche organisatorischen Dinge zuverlässig übernimmt. Und es war nicht einfach. Die Fülle der Startmöglichkeiten, so schön diese Angebote auch waren, stellte uns vor das Problem – wofür sollte ich mich entscheiden? Natürlich ließ sich gutes Geld mit dem Laufen verdienen, aber wo war die Grenze des Zumutbaren für den Körper? Wann würde ich mich zu sehr auspowern und damit langfristig schädigen? Es hat bestimmt ein Jahr gedauert, sich zurechtzufinden, aber dann hat ja alles prima geklappt, und wenn ich heute so zurückblicke, muss ich sagen, dass es wirklich eine tolle Zeit war.

Auch über die Anfangsfehler kann ich mittlerweile nur noch lachen. Ich denke da zum Beispiel an einen Lauf, bei dem man uns wirklich geleimt hat. Wir waren, da es keine Reisebeschränkungen mehr gab, viel unterwegs, und so hatten wir schon sehr bald nach einem neuen Auto Ausschau gehalten. Schließlich entschieden wir uns für einen Toyota, für den wir damals 11.000 DM zahlen mussten. Das war eine ungeheure Menge Geld für uns, schließlich hatten wir aus DDR-Zeiten ja im Grunde nichts mitgebracht. Die Währungsunion hatte noch nicht stattgefunden, und mit unseren DDR-Mark konnten wir nicht viel anfangen. Was machten wir also? Klar, wir kauften auf Kredit und mussten jeden Monat 300 DM abzahlen. Und dieses Geld musste ich Monat für Monat erlaufen. Das war oft ein ganz schöner Stress. Und dann kam es vor, dass ich als Siegprämie einen Videorecorder erhielt. Ich fragte gleich mal vorsichtig nach, ob ich den Gegenwert nicht vielleicht in bar bekommen könnte. „Na, wie viel wollen Sie denn haben?", kam die Gegenfrage. Und ich antwortete spontan: „300 Mark", denn das war die nächste Rate für das Auto. Kein Problem, wurde mir mitgeteilt. Und erst viel später erfuhr ich, dass der Videorecorder sehr viel mehr wert gewesen wäre, mindestens das Drei- bis Vierfache. Zum Glück hatten wir ja dann unseren Manager, der dafür sorgte, dass so etwas nicht mehr passierte.

Gen Westen – Umzug in den Odenwald

Ebenfalls ganz neu war für uns die Möglichkeit, einen Umzug in Angriff zu nehmen. Wir hatten ja seinerzeit mit viel List und Tücke unser Domizil in Leipzig erobert, aber so ganz das Richtige war das für uns nicht. Dies hatte sich bereits recht bald nach unserem Einzug gezeigt, aber damals war eine Veränderung des Wohnortes schlichtweg unmöglich gewesen, und so hatten wir eben auch Nachteile in Kauf genommen, ohne viel darüber zu lamentieren.

Ich bin in Leipzig geboren und aufgewachsen. Da dort viel Braunkohle abgebaut wurde, war es dementsprechend schmutzig. Bisweilen war alles mit einer Kohlenstaubschicht überzogen. Wenn beim Training Tempoläufe auf dem Programm standen, haben die Trainer die Zeiten notiert, und es kam immer wieder vor, dass die Unterlagen erst vom Staub befreit werden mussten, bevor die Eintragungen erfolgen konnten. Ich war zum Glück oft im Trainingslager, denn dort ging es mir gut. Sobald ich länger als zwei Wochen in Leipzig war, bekam ich Probleme. Ich litt unter Schmerzen im Brustbereich und unter Atemnot. Durch eine Bronchoskopie wurde festgestellt, dass meine Lungen und Bronchien bereits chronisch vereitert waren. Also wurde ich behandelt und musste zusätzlich Antibiotika schlucken. Aber allzu oft sollte man dies natürlich nicht tun. So fuhren wir ständig in Trainingslager und waren nur noch selten zu Hause. Dann wurde Katharina geboren. Jetzt fuhren wir zu dritt in die Trainingslager und waren im Grunde mehr in der Weltgeschichte unterwegs als in den eigenen vier Wänden. Trotzdem litt auch Katharina zunehmend unter Bronchitis bis hin zu Pseudokrupp. Wer das beim eigenen Kind schon einmal miterlebt hat, kann verstehen, warum es so wichtig wurde, uns eine neue Heimat zu suchen. Es ist nicht leicht, nachts am Bettchen zu sitzen, das Kind pfeifen zu hören, weil es keine Luft bekommt, in der Angst, dass der nächste Atemzug ausbleibt.

Aber es gab noch einen anderen Grund, warum wir uns Gedanken wegen eines Umzugs machten. Immer wenn wir Quartier in einem Trainingslager bezogen hatten, fragte Katharina: „Sind wir jetzt zu Hause?" Wir stellten fest, dass die Kleine überhaupt keinen Bezug mehr zu einem richtigen Zuhause hatte. Das erschreckte uns und gab uns den Anstoß, etwas zu unternehmen. Durch Bekannte kamen wir dann in den Odenwald. 1991 leiteten wir alles in die Wege. Es war zwar eine enorme Zusatzbelastung, mit Grundstückssuche, Hausbau und allem, was dazu gehört. Aber im Oktober 1992 sind wir dann glücklich und endlich nach Erbach umgezogen, wo wir noch heute wohnen.

Für die Laufszene in der südhessischen Region war damit natürlich eine interessante Zeit angebrochen. Zum einen freute man sich, einen echten ‚Laufstar' bei sich zu haben, dem man mit schöner Regelmäßigkeit beim Training in Wald und Feld begegnen konnte. Aber auch der Zuzug des erfolgreichen Trainers Wolfgang Heinig, der schon kurz darauf bei der LG Odenwald als Trainer der Schülerinnen und Schüler einstieg, bereicherte den sportlichen Alltag.

Andererseits konnten viele das Tun und Treiben ihrer „prominenten Nachbarn" nicht so richtig einordnen. Es brauchte schon einige Zeit, bis sie realisiert hatten, was alles an Arbeit dahintersteckt, bis man solch eine

Position erreicht hat. Zunächst einmal bekamen sie vor allem mit, dass es immer wieder ins Ausland ging, denn die Starts häuften sich. Bereits im Januar 1992 ging die Reise erneut nach Japan, und zwar zum Osaka-Marathon. Das war der Lauf, in dem die japanischen Langstrecklerinnen zum ersten Mal in größerer Anzahl in der Spitze zu finden waren. Bis dahin hatte es allenfalls mal eine einzelne Japanerin geschafft, vorne mitzulaufen, aber mehrere in einem Lauf, das hatte es noch nie zuvor gegeben.

Es folgte ein absolutes Highlight für mich. Zum zweiten Mal hatte ich die Möglichkeit, beim legendären London-Marathon am Start zu stehen. Im Jahr zuvor war ich hier nur als Vierte, wenn auch in einer Zeit unter 2:30, angekommen. Dies galt es zu verbessern. Und obwohl ich im Vorfeld gar nicht so hoch gehandelt wurde, oder gerade deshalb, wollte ich unbedingt meine Weltklasse beweisen. Rosa Mota war die eindeutige Favoritin, von der alle glaubten, sie würde im April 1992 in London als Erste über den Zielstrich laufen. Vom Start weg lief ich erst mal vorne mit, nach und nach kristallisierte sich eine Fünfergruppe heraus. Rund fünfzehn Kilometer vor dem Ziel ging es durch einen Tunnel. Dort konnte ich mich gemeinsam mit der Polin Renata Kokowska tatsächlich absetzen. Wow, dachte ich, heute bist du mal vor der Rosa Mota. Die hatte, wie ich später erfuhr, Probleme und musste dann sogar aussteigen. Jedenfalls war ich mit der Kokowska alleine, und dann ging ein entsetzliches Geplänkel los. Irgendwie wussten wir nicht, was wir tun sollten. Es waren noch fünf bis sechs Kilometer zu laufen, und die Polin hat immer wieder mal aufs Tempo gedrückt. Ich musste richtig beißen. Du denkst dann, das wird ja immer länger und länger, und die Straßen hinten raus in London, die sind ja wirklich ewig lang. Da kommt die nächste Kurve, und du denkst – jetzt muss aber Schluss sein, doch es folgt wieder eine Gerade. Dann geht es endlich auf die Brücke, Big Ben ist zu sehen und das Ziel nicht mehr weit. Trotz des immer wieder anziehenden Tempos hatte ich mich entschieden, bloß nicht zu früh loszulegen. Erst als es dann nur noch ungefähr 1,5 Kilometer bis zum Ziel waren, bin ich voll angetreten. Ich dachte: Entweder du schaffst es, oder du gehst jämmerlich ein. Ich habe alles aus meinem Körper herausgeholt, und als ich mich umdrehte, habe ich gesehen, dass die Polin tatsächlich an Boden verliert. Aha, die ist also auch kaputt, dachte ich. Mir ging es ja genauso, und ich hatte nur Angst, dass sie wieder rankommt. Die letzten 1500 Meter haben sich endlos gezogen. Immer wieder hab ich auf die Uhr geguckt und gerechnet. Dann endlich tauchte das Ziel auf, aber die letzte Gerade wollte einfach kein Ende nehmen, die Zeit zog sich unendlich langsam. Nach 2:29:39 hatte ich es schließlich geschafft. Ich war Erste – glücklich, aber auch völlig erschöpft. Und das sollte es noch nicht gewesen sein im Jahr 1992. Im Herbst fanden die Olympischen Spiele in Barcelona statt. Brütend heiß war es, also genau das Wetter, mit dem ich gar nicht viel anfangen kann. Die Hitze setzte mir so zu, dass ich schon vor dem Start platt war. Ich war nicht einmal in der Lage, mich vernünftig einzulaufen. Ich habe auf der Straße gesessen und mich gefragt: „Wie können die anderen sich nur so bewegen?" Ich habe wirklich gezweifelt, wie ich den Marathon bei dieser lähmenden Hitze überhaupt überstehen sollte. Erschwerend kam hinzu, dass der Start auch noch nachmittags angesetzt war. Das war mörderisch. Im Nachhinein muss ich noch staunen, wozu so ein Körper fähig ist. Ich bin, allen Beschwerden zum Trotz, durchgekommen und wurde immerhin Fünfte. Unter diesen Bedingungen war das für mich eine starke Leistung. Niemals werde ich vergessen, wie sehnsüchtig ich auf die Wasserstellen gewartet habe. Und dann passierte es mir doch tatsächlich, bei Kilometer 35, ich wartete und wartete und dachte: Wo bleibt denn die Wasserstelle, und dann kam sie, und es war in Wirklichkeit erst die bei Kilometer 32,5. Ich weiß gar nicht, wo ich mit meinen Gedanken gewesen war, wie ich mich derart hatte verrechnen können – einfach furchtbar. Mit Mühe kämpfte ich mich über die restliche Distanz und erreichte schließlich als Sechste das Ziel.

Und oft, wenn ich mich so wie jetzt dem nächsten Verpflegungspunkt nähere, muss ich an diese Episode denken. Das Gefühl kennt jeder, der selbst schon Marathon gelaufen ist. Du wartest und zählst die Kilometer, die Strecke zieht und zieht sich, und plötzlich stellst du fest, dass du dich verrechnet hast. Aber dass auch Profis so etwas passiert, ist scheinbar für viele, denen ich diese Geschichte erzähle, irgendwie beruhigend. Mir scheint, dass die breite Öffentlichkeit in dieser Hinsicht bisweilen eine falsche Vorstellung hat.

Aber auch in anderer Hinsicht weichen die Vorstellungen manchmal von der Realität ab. Wie toll ist es, ein Star zu sein. Das ist allgemeine Meinung. Es gibt nicht wenige, die uns Sportler, die im Rampenlicht des öffentlichen Interesses stehen, so sehen. Wenn mit der Popularität gar noch Geld verdient wird, dann steigt der Neid geradezu ins Unermessliche. Ist das doch der Gipfel dessen, was man selbst anstreben würde. Leben wie man es möchte, Tag für Tag. Lediglich zweimal im Jahr zu einem der großen Marathonläufe in die weite Welt gereist, etwas mehr als 42 Kilometer abgerissen, am besten gewonnen, abkassiert, und das nächste halbe Jahr ist in trockenen Tüchern, einschließlich einer üppigen Rücklage auf dem ständig dicker werdenden Sparkonto für spätere Zeiten. Klingt wirklich gut. Wäre auch gut. Ist aber leider nicht so.

Wie überall im Leben gehört auch beim Sport härteste Arbeit dazu, ehe man auch nur im entferntesten daran denken kann, das Hobby tatsächlich zum Beruf zu machen. Gerade im leichtathletischen Bereich und ganz besonders auch im Marathonlauf sind es die Wenigsten, die tatsächlich vom Sport leben können. Oft hat man da ganz falsche Vorstellungen, aber viele meiner Freundinnen und Freunde können ein Lied davon singen. Denn ungleich größer ist die Zahl derjenigen, die zwar genauso oder annähernd so hart trainieren, die Tag für Tag und Jahr für Jahr bis an die Grenzen der Belastbarkeit gehen, die aber dennoch niemals auch nur den Hauch einer Chance haben, dafür entlohnt zu werden. Zu eng geht es in der Spitze zu. Zu groß ist die Konkurrenz und zu gering letztlich der Kuchen, den es zu verteilen gibt. Mehr als zwei Laufwettbewerbe pro Jahr sind nicht wirklich drin. Öfter lässt sich die höchstmögliche Leistung nicht erbringen. Zweimal also besteht eine reelle Aussicht auf den Sieg. In diesen beiden Läufen gilt es somit, sich zu beweisen und die Existenz zu sichern. Es gibt cirka zehn Wettbewerbe weltweit, bei denen es sich, finanziell betrachtet, wirklich lohnt, und bei einem Feld von annähernd zwanzig fast gleich starken Konkurrentinnen lässt sich erahnen, wie schwierig es ist, Erste zu werden. Ein Sieg lässt sich nun einmal nicht planen. Zu viele Faktoren müssen gleichzeitig zusammenkommen. Oft sind es doch nur Sekunden, die bei einer Gesamtstrecke von zweiundvierzigtausendeinhundertfünfundneunzig Metern über Sieg oder Niederlage entscheiden. Und nur der Sieg zählt, denn schon der zweite Platz ist eine Niederlage, denn die Prämie reicht oftmals nicht zur Deckung der Kosten für das halbe Jahr Vorbereitung.

,Horror'-Training auf dem Laufband

Unentbehrlich im Marathongeschäft – mein Manager Helmut Ebert

Osaka 1992 – Ingrid Christiansen legt ein Höllentempo vor

Der erste Sieg beim London Marathon 1992

Sightseeing mit Wolfgang in London

*Olympische Spiele in Barcelona 1992 – mit
kämpferischer Leistung auf Platz 5*

Marathon-Hochzeit 1992 im historischen Rathaus von Michelstadt

Nunmehr Katrin Dörre-Heinig – Blick vom Balkon auf Michelstadt

Immer dabei – Töchterchen Katharina

*Gemeinsame Gymnastik von
Mutter und Tochter in Mexiko*

Berlin Marathon 1994 – Immer schön dranbleiben

Und so ein halbes Jahr Vorbereitung, das ist kein Zuckerschlecken. Das hat es ins sich ...

Das Training
– von nichts kommt nichts

Als wir damals nach Erbach gezogen sind, da wussten die Nachbarn gar nicht so recht, wer ich eigentlich bin und was ich tue. Sie wussten zwar, dass ich mit Marathon laufen mein Geld verdiene und dass Wolfgang mein Trainer ist, aber das war's auch schon. Was das in Wirklichkeit bedeutete, was die Grundlage meiner sportlichen Erfolge ist, konnte niemand nachvollziehen. Ist ja auch kein Wunder, denn wenn man mich nur ein- oder zweimal am Tag draußen vorbeilaufen sieht, dann erweckt das sehr schnell den Anschein eines leichten Lebens. Wer würde das nicht selbst gerne tun? Morgens und mittags, vielleicht noch einmal am Abend eine Runde gedreht und das war's.

Wie intensiv die gesamte Lebensführung vom Laufen geprägt wird, angefangen bei der Ernährung, über den Tages- und Nachtrhythmus, bis hin zu knallhartem und diszipliniertem Trainingsverhalten, das ahnen die meisten doch nicht einmal. Bestes Beispiel war meine Nachbarin, die eines schönen Tages zu uns herüberkam und miterlebte, wie ich mich auf dem Laufband abkämpfte. Nachdem sie mich längere Zeit beobachtet hatte, bemerkte sie: „Du macht ja wirklich etwas. Kommst du denn auch einmal von dem Band herunter?" Seither sah diese Frau meinen Beruf mit anderen Augen.

Überhaupt das Laufband. Wenn du die wirklich knüppelharten Einheiten darauf läufst, wenn der Motor immer und immer wieder anzieht und dir gar nichts übrig bleibt als zu beschleunigen, bis dir die Zunge aus dem Hals hängt, dann geht das schon an die Grenze, und es ist nicht leicht, die Motivation zu erhalten. Abschalten oder abspringen gilt nicht. Es wird weiter gerannt, denn die Maschine ist unerbittlich. Manchmal entsteht richtiger Zorn auf dieses verdammte Stück Technik, das dich derart fordert und quält. Aber für den Zorn gibt es kein Ventil. Nur immer laufen und weiter laufen. Der Maschine ist es egal, was du fühlst. Ich habe eine Möglichkeit gefunden, die sicher etwas ungewöhnlich ist, mir aber die ganz harten Trainingseinheiten auf dem Band erleichtert. Ich pusche mich emotional auf, bringe mich auf 180. Ich schaffe eine künstliche Aufregung, einen Zorn, der mich dann die Leistung bringen lässt. Wie ich das mache? Ganz einfach. Mit Hilfe des Fernsehers. Während ich laufe, schaue ich mir Horrorfilme an. Die würde ich mir sonst nie ansehen, aber hier, bei den harten Trainingseinheiten, sind sie genau das Richtige für mich. Sie regen mich nämlich tierisch auf. Und während die grässlichen Szenen über den Bildschirm flimmern, trommeln die Füße unerbittlich ihr Stakkato auf das Laufband. Wer's nicht glaubt, kann es ja selbst einmal ausprobieren.

Schöner ist es natürlich, draußen in der freien Natur zu trainieren, aber das ist nicht immer möglich und auch nicht immer sinnvoll. Es bleiben jedoch genug Einheiten für das Training im Freien übrig, so dass ich dann von den Schrecken der Filme wieder relaxen kann. Jetzt, da ich nicht mehr so intensiv und profimäßig trainiere, ist das Ganze etwas lockerer geworden. Aber zu den Zeiten, da ich in der Weltspitze zu finden war, sah das schon ganz schon heftig aus.

Der Gesamtumfang pro Woche lag bei ungefähr 250 Kilometern. Darin enthalten waren drei lange Laufeinheiten. Mindestens einmal wurden dabei die 30 Kilometer in 1:45 bis 1:50 durchlaufen, die beiden anderen langen Läufe im Allgemeinen etwas langsamer angegangen. Außerdem gab es einmal die Woche ein Tempolaufprogramm, bei dem 400 Meter fünfzehn Mal in einer Zeit zwischen 68 und 72 Sekunden zu absolvieren waren. Dazwischen gab es Trabpausen, die sich von zwölf auf eine Minute verkürzten. Als zusätzliche Tempoeinheit wurden einmal pro Woche 15 Kilometer „volles Rohr" unter 48 Minuten gelaufen, je nach Witterung draußen oder auf dem Laufband. All dies war natürlich eingebunden in das weitere Trainingsprogramm mit mehreren Einheiten pro Tag. Jede vierte Woche war eine so genannte Regenerationswoche mit nur 70 Trainingskilometern und nur einer Einheit pro Tag.

Ein weiterer wichtiger Aspekt des Trainings ist die Athletik. Von vielen Freizeitläufern wird dieser Bereich ziemlich vernachlässigt. Allerdings zu Unrecht, denn gerade das Athletiktraining ist eine Grundvoraussetzung für das erfolgreiche Bestehen im Wettkampf und die nötige Härte. Lieber also einmal die Laufkilometer, die oft zu schnell und auch zu viel absolviert werden, zugunsten athletischer Trainingseinheiten wie zum Beispiel Kreis- oder Zirkeltraining oder auch Schwimmen und Radfahren reduzieren.

Unsere Hochzeit

Trotz intensiven Trainings und vieler Termine mussten wir uns dann irgendwann doch einmal zumindest so viel Zeit nehmen, um endlich der gutbürgerlichen und alten deutschen Tradition gerecht zu werden – es war an der Zeit zu heiraten. Eigentlicher und hauptsächlicher Anlass war, dass Katharina in den Kindergarten kam und es oft Probleme wegen des Namens gab, Dörre oder Heinig.

So einer Hochzeit stand ja auch nichts im Wege, lebten wir doch bereits seit 1984 zusammen, seit 1986 in einer eigenen Wohnung, seit 1992 in Erbach, hatten eine gemeinsame Tochter und verstanden uns immer noch blendend.

Damals, also noch zu DDR-Zeiten, hatten wir mit Absicht nicht geheiratet, denn als Ehepartner mit einem gemeinsamen Namen hätte man uns erst recht nicht zusammen ins Ausland reisen lassen, die Gefahr einer Flucht wäre den Funktionären zu groß erschienen. Und nach der Wende hatten wir erst einmal jede Menge zu lernen. An eine Hochzeit wurde vorerst nicht gedacht.

Aber nun wollten wir doch noch Ordnung in unserem Leben bringen. Doch so einfach war das gar nicht. Nur selten waren wir zu Hause, reisten in Trainingslager, waren zu Wettkämpfen unterwegs, wie gesagt, wir führten ein recht stressiges Leben. Uns blieb quasi nur die Weihnachtszeit, also machten wir als Hochzeitstermin den 21. Dezember fest. Hätte eigentlich gut gepasst. Nur bekam ich, schon kurz nachdem der Termin festgelegt war, eine Einladung zum Straßenlauf nach Zürich. Da ich das Laufen zum Beruf gemacht hatte, wäre es unklug gewesen, diese Einladung auszuschlagen. Also nahmen wir den Lauf wahr, obwohl er am 20. Dezember, also am Tag vor unserer geplanten Hochzeit stattfand.

Und das totale Chaos konnte beginnen! An diese Hochzeit werden wir ewig mit Schmunzeln zurückdenken, und ich glaube, so viele chaotische, aber sicher auch lustige Sachen können nicht viele von ihrer Hochzeit berichten.

Da der Lauf in Zürich spät abends stattfand, kehrten wir erst weit nach Mitternacht nach Erbach zurück. Von meinem Kindheitstraum, einmal ganz in weiß zu heiraten, mit einer riesigen Feier, blieb nichts übrig. Jetzt wurde praktisch gedacht. Ein rotes Kostüm tat es auch, zumal man dieses auch noch später tragen könnte. In die Hochzeitspläne wurden nur die engsten Verwandten eingeweiht, eine kleine Feier für einen erweiterten Kreis sollte später folgen. So waren nur meine Mutti, unsere Tochter Katharina und Wolfgangs Söhne Alexander und Roman sowie die Trauzeugen anwesend. Überrascht wurden wir noch von Mitgliedern meines damaligen Vereins, bei denen doch irgendetwas durchgesickert war. Auch wenn sonst keine Gäste anwesend waren, wurde unsere Hochzeit zu einem einmaligen und tollen Erlebnis. Wir heirateten im historischen Michelstädter Rathaus, was dem Ganzen einen wundervollen Rahmen verlieh.

Nun aber nun zu unserem Festtag. Früh ging es beizeiten aus den Federn, gar nicht so einfach, denn die geschundenen Muskeln vom vortäglichen Wettkampf meldeten sich. Wenn's nur das gewesen wäre, hätte ich mich ja mal schonen können. Ging aber nicht, denn immerhin stand ich in der Wettkampfvorbereitung auf den Halbmarathon in Tokio im Januar, was bedeutete, dass es keine Abstriche beim Training geben durfte, wenn ich mir die Chance erhalten wollte, dort erfolgreich zu laufen. Also zog ich Sportschuhe an und los ging es. Ziemlich erschöpft kam ich zurück. Beeilung, Beeilung – der Friseur wartet. Schließlich wollte ich bei meiner Hochzeit doch etwas feminin auftrumpfen. Was man so alles über sich ergehen lässt, um schön zu sein. Das Schminken übernahm eine gute Freundin. Für mich war das sehr ungewohnt, alle anderen fanden es schön. Aber sicher können das nur diejenigen verstehen, die sich sonst auch kaum schminken und lieber in Jeans als im Kleid herumlaufen. Zu dem Kostüm trug ich ein Top, welches aufgrund der dünnen Spaghettiträger eines trägerlosen BH bedurfte. Oje! Ständig hatte ich das Gefühl, dass alles rutscht und nichts hält. An solche Utensilien habe ich mich übrigens bis heute nicht gewöhnen können.

Dann war es endlich so weit und wir saßen dem Bürgermeister Herrn Ruhr gegenüber, der uns traute. Schon im Vorfeld hatten Wolfgang und ich uns ausgemalt, wie wir antworten würden, wenn wir aufgefordert werden: „... dann antworten Sie bitte mit ja!" Alle Variationen hatten wir spaßeshalber durchgespielt: Nein, niemals, später, nur wenn ... Nun waren wir selbst gespannt, wie wir reagieren würden. Unsere Reaktion konnte keiner vorhersehen. ...

Katharina, damals 3 Jahre alt, setzte sich gleich nach vorn neben den Bürgermeister. Weihnachten stand vor der Tür, und so schenkte er ihr ein Glöckchen. Nun saß sie die ganze Zeit dort vorn und war auch sehr brav, klingelte jedoch äußerst hingebungsvoll mit dem Glöckchen. Das mag ja anfangs recht schön gewesen sein, aber mit der Zeit wurde es schon etwas nervend. Da jedoch niemand etwas sagte, begann der Bürgermeister mit der Zeremonie. Wir waren ja auch froh, dass sich Katharina so ruhig verhielt. Alexander wurde verpflichtet, alles mit einer Videokamera festzuhalten, so dass man noch heute das Glöckchen hören kann. Aber nicht nur das. Auch so manch andere Geräusche wurden festgehalten. Während Alex filmte, machte Roman Bilder. Wir wollten dieses Ereignis unbedingt für die Zukunft festhalten, denn an einen Fotografen hatten wir in der ganzen Hektik nicht gedacht. Das ärgert uns zwar noch heute, ist aber nicht mehr zu ändern. Nun hatten wir zum damaligen Zeitpunkt noch einen ganz einfachen Fotoapparat, nichts mit digitaler Technik und so. Als der Film voll war, spulte er sich geräuschvoll automatisch zurück. Und das war wirklich peinlich, denn das Ganze war fast noch lauter als das Glöckchen. Aber eigentlich fanden wir alles doch recht lustig.

Und dann kam der große Augenblick: „Sind Sie, Frau Dörre, bereit, Wolfgang Heinig zu ihrem Mann zu nehmen, so antworten Sie mit ja!"

Ich bekam kein Wort raus. Ich schaute nach unten und konnte mir das Lachen kaum verkneifen. Sämtliche Gedanken schossen mir durch den Kopf, wie es wäre, wenn ich nein sage zum Beispiel. Mann, war ich albern, aber ich kam auch nicht dagegen an. Wolfgang stupste mich schon an, denn alle warteten auf meine Antwort. Ein klägliches leises Ja bekam ich endlich raus. Meine Mutti, die übrigens sehr nah am Wasser gebaut hat (ich normalerweise auch), sagte anschließend zu mir, das wäre die erste Hochzeit gewesen, bei der sie nicht hätte weinen können. Ein Blick zu mir genügte und auch sie musste schmunzeln. Ist doch eigentlich auch schön, oder?

Aber das Dilemma ging weiter. Der Bürgermeister schloss mit den Worten: „Und zum Zeichen ..." Verflixt, jetzt waren die Ringe dran. Oje! Normalerweise gibt man die Ringe vorher ab und bekommt sie dann in einer Schale überreicht, um sie sich gegenseitig anzustecken, aber das hatten wir im Vorfeld vergessen. Ich hatte mich gar nicht darum gekümmert. Ich schaute Wolfgang an, der auf einmal ganz blass wurde. Er kramte in sämtlichen Taschen. Eigentlich passte das ja zu unserer Hochzeit. Trotzdem waren wir alle erleichtert, als er sie dann endlich gefunden hatte. Im Videofilm ist dann auch noch zu sehen, dass ich ihm den Ring an die verkehrte Hand gesteckt habe. Übrigens mussten wir diesen Ringen nach einigen Jahren Lebewohl sagen. Wir hatten sie uns, noch zu DDR-Zeiten, einmal vorsorglich in Mexiko gekauft, da man in der DDR kein Gold kaufen konnte und wir mit einer Wende ja damals nicht rechnen konnten. Diese Ringe hatten dann ein paar Jahre im Tresor gelegen, bis wir sie jetzt benötigten. Aber man hatte uns in Mexiko wohl über den Tisch gezogen, denn nach einiger Zeit begannen die Ringe sich aufzulösen. Aber schließlich hatten wir unsere Trauung dann doch irgendwann überstanden. Katharina erzählte später allen, sie habe geheiratet, nicht wir, denn schließlich bekam sie ja einen neuen Namen.

Aber die lustigen Begebenheiten gingen weiter. Nach der Trauung ging's erst mal zu einem Umtrunk nach Hause, bevor der gemütliche Teil am Abend anstand. Wir hatten einen Tisch bestellt, aber das nächste Chaos bahnte sich an. Für welche Uhrzeit hatten wir eigentlich bestellt? 19 Uhr? 20 Uhr? Keiner wusste es mehr! So gingen wir kurz vor 19 Uhr los. Das Restaurant, das wir ausgesucht hatten, lag im ersten Stock eines schönen Fachwerkhauses. Im Erdgeschoss befand sich eine Kneipe. Als wir ankamen, mussten wir leider feststellen, dass unsere vornehme Gaststätte erst um 20 Uhr öffnete. Was also tun, denn draußen war es empfindlich kalt. Kurz entschlossen stürmten wir die Kneipe. Ein tolles Bild! Unsere aufgebrezelte Gesellschaft nahm am Stammtisch Platz. Mit gewöhnlichen Bierhumpen haben wir dann die Stunde überbrückt, aber schließlich wurde es noch ein sehr schöner Abend. Und heute haben wir wenigstens was zu erzählen.

Ein Röhren reißt mich aus den Gedanken. Parallel zur Laufstrecke, gar nicht weit entfernt, erhebt sich ein gewaltiger Jumbo Jet in den Himmel und macht sich auf die Reise zu einem fernen Ziel. Also hier möchte ich ja nicht gerade wohnen. Beim Wettkampf vorbeilaufen ist in Ordnung, aber jeden Tag diesen Fluglärm? Dann schon lieber den Lärm der Zuschauer, die heute hier bei Kilometer 36 wieder einmal dicht an dicht stehen und die Athleten vorwärts treiben. Allerdings hat der Flieger mich abrupt von den Trainingsgedanken fort zu einer ganz anderen Episode geführt. Das war wirklich ein Ding, die Geschehnisse damals rund um den London-Marathon; als ich zum dritten Mal dort starten wollte.

Was der London-Marathon mit einer Scheinschwangerschaft zu tun hat

Seit Januar 1993 bereitete ich mich intensiv auf den London-Marathon am 12. April vor. Nachdem ich im Jahr zuvor dort bereits zum zweiten Mal teilgenommen hatte und als erste Frau durchs Ziel gelaufen war, wollte ich es dieses Jahr wieder wissen. Ein erneuter Sieg in London, das wäre doch was. Um optimale Voraussetzungen zu schaffen, ging es am 25. Februar nach Mexiko ins Trainingslager. Geplant war ein intensiver Vorbereitungsaufenthalt bis zum 20. März. Aber wieder einmal sollte alles ganz anders kommen.

Bereits bei der Anreise nach Mexiko kämpfte ich mit den Auswirkungen einer offensichtlich allergischen Reaktion. Diese äußerte sich in Form eines unangenehm juckenden Ausschlags an den Beinen. Da die Beine mein größtes sportliches Kapital sind, beunruhigte mich das natürlich und so schluckte ich verschiedene Medikamente. Da ich die Medikamente, salopp gesagt, etwas planlos nahm, hob sich die Wirkung der verschiedenen Arzneien teilweise gegenseitig auf. Da die ersehnte Besserung somit ausblieb, nahm ich immer mehr Medikamente zu mir. Sicher wäre es besser gewesen, nach der Ursache zu forschen, aber ich dachte damals nur an eines – mein Training. (Heute weiß ich, dass die Allergie von einer schwarzen Samthose stammte.) Aufgrund der Vielzahl der Medikamente wurde es dann tatsächlich etwas besser. Ich blieb also im Trainingslager in der Höhe und wollte eigentlich sehr hart trainieren. Ich versuchte es auch, aber es klappte nicht. Die Trainingskilometer wurden zur Qual, alles ging furchtbar schwer und an höhere Geschwindigkeiten war überhaupt nicht zu denken. Ich verzweifelte schier, hatte ich mir doch sehr anspruchsvolle Ziele gesetzt. Erschwerend kam hinzu, vermutlich auch als Folge meiner eigenwilligen Medikamentation, dass sich, sobald ich loslief, meine Blase meldete, aber in den Büschen dann nichts ging.

Und dann geschah es. An den Stellen, an denen ich Ringe trug, verfärbten sich meine Finger mit einem Mal schwarz. Ich erschrak bis ins Mark. Was hatte das zu bedeuten? Es waren genau die Anzeichen, die ich auch hatte, als ich mit Katharina schwanger gewesen war. Oje! Nur das jetzt nicht! Ich beratschlagte mich mit Wolfgang, was ich tun sollte. In einem Monat stand der London-Marathon an. Was, wenn ich tatsächlich schwanger war? Würde der Start dem Kind schaden? Wolfgang war für eine „Pause". Vom Laufen her wäre das gegangen, auch wenn mir der Verzicht auf den Start schwer gefallen wäre. Aber was mich viel mehr beunruhigte waren die vielen Tabletten, die ich wegen der Allergie geschluckt hatte. Ob die wohl schädlich waren? Es half nichts, wir brauchten Klarheit.

Wir weihten zunächst einmal meinen Manager Helmut Ebert in unseren Verdacht ein. Dieser war in Mexiko immer dabei, da er mehrere Jahre dort als Trainer gearbeitet hatte und somit Gott und die Welt und vor allem sämtliche Gepflogenheiten kannte. Helmut rief daraufhin einen Freund an, der Frauenarzt in Schmölln ist und zu dem ich übrigens heute noch gehe, und fragte ihn um Rat. Fazit, ich musste nach Schmölln. Also versuchten wir den nächsten Flieger zu bekommen. Bei diesem Trainingslager waren wir eine größere Gruppe, und auch der damalige DLV-Verbandstrainer, Lothar Pöhlitz, war vor Ort. Dem konnte ich allerdings wohl kaum sagen, dass ich glaubte schwanger zu sein und deshalb nach Hause müsse. So erklärte ich ihm, ich hätte Knieprobleme. Um den Start beim London-Marathon nicht zu gefährden, müsste ich zum Arzt. Er hat es mir auch abgenommen, und ich weiß gar nicht, ob er die wahren Gründe meiner Trainingsunterbrechung je erfahren hat.

Für mich ging es also am nächsten Morgen zum Flughafen und über Los Angeles und Frankfurt nach Leipzig. Nach ewigen Stunden endlich gelandet, suchte ich erst mal auf dem Parkplatz unseren Trabbi. Es schneite heftig und alle geparkten Autos waren völlig eingeschneit. Nach einer nervenaufreibenden Stunde hatte ich ihn endlich gefunden. Es war ausgemacht, dass ich gleich nach der Ankunft in das sechzig Kilometer entfernte Schmölln fahren sollte. Zu meinem Leidwesen war es mittlerweile dunkel geworden, und so wurde schon diese Fahrt zum Horrortrip für mich, denn ich sehe im Dunkeln kaum etwas und war zudem total übermüdet. Es half nichts, also fuhr ich hin. Am gleichen Abend noch machten wir eine Ultraschall-Untersuchung. Gespannt wie ein Flitzebogen wartete ich auf das Ergebnis. Der Arzt schmunzelte, als er zu mir kam – was hatte das zu bedeuten? „Tja, sieht aus wie schwanger", sagte er. Mir brach sofort der Schweiß aus. Der Wettkampf, die Medikamente, das Kind – was sollte das nur geben? Um sicherzugehen, führte er dann noch einen regulären Schwangerschaftstest durch. Ergebnis: Plötzlich doch nicht schwanger! Upps. Ein großes Fragezeichen stand im Raum. Also folgte ein zweiter Test, manchmal ist einer ja fehlerhaft. Aber wieder nichts, was nun? Der Arzt meinte, dass er mich am nächsten Tag noch einmal sehen wolle. Er könne sich die Sache vorerst auch nicht so recht erklären. Wenn ich keine Leistungssportlerin wäre, würde er eine Ausschabung vornehmen, so aber wollte er nichts überstürzen. Hinzukam, dass ständig das Telefon klingelte, da ja Wolfgang und Helmut auch wissen wollten, was los war.

Mir schossen etliche Gedanken durch den Kopf. Wenn ich nun doch nicht schwanger war, hätte ich mir das alles sparen können. Dann wäre es am besten, sofort wieder ins Trainingslager zurückzukehren. Ich fragte den Arzt, ob ich wieder zurückfliegen dürfe, wenn sich herausstellen sollte, dass es ein Fehlalarm war. Er schaute mich überrascht an, hatte aber schließlich nichts dagegen.

Erst einmal musste ich wieder zurück nach Leipzig, wo ich weit nach Mitternacht eintraf und wie tot ins Bett fiel. Als ich erwachte, war es schon 11 Uhr. Mist, ich hatte doch noch so viel vor. Vor allem wollte ich mich um den schnellstmöglichen Rückflug nach Mexiko kümmern. Für mich stand im Grunde schon fest, dass ich zurückkehren würde. An die noch ausstehende Untersuchung dachte ich in diesem Moment überhaupt nicht. Erst abends musste ich wieder in Schmölln sein.

Wir schrieben den 11. März. Anstatt alles mit Ruhe anzugehen, verbreitete ich nur Hektik. Was sollte ich zuerst tun? Ach ja! Durch die Ereignisse könnten mir ja ein paar Kilometer fehlen. Als vorbildliche Sportlerin zog ich mir sofort Trainingssachen an und lief los. Wenigstens zehn Kilometer wollte ich laufen, denn ich hatte durch die Reiserei bereits einen Rückstand. Aber ich war völlig groggy! Nach nur sechs Kilometern machte ich Schluss. (Das hätte ich mir auch sparen können.) Aber die Hektik ging weiter. Ich fuhr in die Stadt ins Reisebüro, um zu klären, wie es mit Flügen nach Mexiko aussah. Zunächst wusste ich gar nicht, wie ich der Dame im Reisebüro erklären sollte, dass ich einen Flug brauchte, aber noch nicht wüsste, ob ich auch mitfliegen kann. Ich möchte nicht wissen, was sie damals gedacht hat. Jedenfalls fragte ich nach dem nächsten Flug nach Mexiko. Am darauf folgenden Morgen gab es eine Verbindung von Leipzig über Frankfurt nach Mexiko. Ich erklärte ihr, dass ich den Flug gern buchen würde, aber erst am Abend erführe, ob ich mitfliegen kann. Sie wunderte sich zwar, aber sie buchte den Flug. Die Tickets sollten in Leipzig hinterlegt werden, und wenn ich dann doch nicht fliegen könnte, wären sie halt verfallen. Also, gebucht hatte ich jedenfalls erst mal!

Am Abend ging es wieder nach Schmölln, und die gleiche Prozedur wie am Vortag begann. Schließlich stellte sich heraus, dass aufgrund der vielen verschiedenen Tabletten, die ich wegen der Allergie genommen hatte, Symptome einer Schwangerschaft aufgetreten waren. Das war wohl auch nicht wirklich gefährlich, lediglich die Bindehaut hatte sich gelockert. Der Arzt meinte, es sei eine so genannte Scheinschwangerschaft, was ab und zu vorkomme. Ich selbst hatte von so etwas noch nie zuvor gehört. Der Arzt verschrieb mir ein einziges Mittel und verbot mir die weitere Einnahme „meiner" Medikamente.

So flog ich also am 12. März, weitestgehend beruhigt, wieder nach Mexiko. Dort verlängerte ich wegen der Unterbrechung dann meinen Aufenthalt bis zum 28. März, also bis drei Wochen vor dem Wettkampf. Lothar Pöhlitz fragte mich natürlich, was mit meinem Knie sei. Ich sagte, dass es nach einer Injektion wieder besser gehe. Gut habe ich mich beim Schwindeln nicht gefühlt, denn Lothar hatte das eigentlich nicht verdient.

Die Allergie wurde dann auch von Tag zu Tag besser, sodass auch die letzten „Schwangerschaftssymptome" verschwanden. Somit konnte ich dann tatsächlich beim London-Marathon an den Start gehen. Und es sollte einer meiner tollsten Läufe werden.

18. April 1993 – Sieg beim London-Marathon

Komischerweise war von mir im Vorfeld überhaupt nicht die Rede. In allen Vorbesprechungen und in der Presse ging es immer nur um das Duell Ondieki gegen McColgan. Einerseits war das gar nicht schlecht, andererseits wurmte es mich doch schon ein bisschen.

Für den Lauf war eine neue Weltbestzeit angekündigt worden, und dass ich die nicht laufen könnte, war mir klar. Ich hatte mir aber auf jeden Fall vorgenommen, Dritte zu werden, vielleicht sogar Zweite. Dafür musste ich aber McColgan schlagen, glaubte ich. Lisa Ondieki zu schlagen, traute ich mir nicht zu.

Der Startschuss fiel – und es ging wahnsinnig schnell los. Ich dachte noch, das kann doch wohl nicht wahr sein, dass die so ein irres Anfangstempo hinlegen. Bei Kilometer 15 hatten die beiden schon fast zwei Minuten Vorsprung. Ich lief mein Rennen, nur noch begleitet von einer Britin. Ich versuchte, halbwegs Anschluss zu halten und dachte: Entweder du kommst so durch oder es hat eben nicht sollen sein. Und dann sind die beiden da vorne völlig eingebrochen. Bei der Hälfte der Strecke hatte ich noch über eine Minute Rückstand. Aber ich kam immer näher. Bei Kilometer 28 konnte ich tatsächlich aufschließen und da hab ich gedacht: Jetzt machst du selbst Tempo.

Die haben mich überhaupt nicht für voll genommen. Ich lief, fast unbeachtet von den beiden verbissen kämpfenden Konkurrentinnen, auf der anderen Straßenseite. Und dann fielen beide wirklich zurück. Das Anfangstempo war einfach zu hoch gewesen. Gemessen an den Zwischenzeiten wäre eine Endzeit unter 2:20 herausgekommen. Aber Lisa Ondieki ließ sich nicht völlig abschütteln. Und ich wusste, dass sie über einen guten Schlussspurt verfügte. Bevor du dann zum Schluss des Laufs in London auf die Brücke kommst, geht es um eine kleine Kurve herum. Und in dieser Kurve bin ich angetreten. Jetzt oder nie, habe ich gedacht. Und es hat geklappt. Diesen London-Marathon konnte ich in 2:27:09 gewinnen. Und es war einer meiner schönsten Siege, denn damit hätte ich nie gerechnet.

Zwischen dem absoluten Hoch in London und dem Tiefpunkt der totalen Quälerei in Stuttgart lagen ganze vier Monate. Dort war am 15. August der Weltmeisterschaftsmarathon angesetzt – und es war fürchterlich heiß. Ich bin total eingegangen und kam in einer Zeit von 2:35:20 nur als Sechste ins Ziel.

Das wollte ich gleich im Herbst wieder gutmachen, da stand erneut der Tokio-Marathon auf dem Plan. Aber, was soll ich sagen, auch da war es wieder entsetzlich heiß. Hinzukam, dass ich, wenn ich im Sommer gelaufen bin, im Herbst oft noch daran zu knabbern hatte. So auch dieses Mal, und das, obwohl ich im Grunde sehr gut vorbereitet war. Aber so ein langer Hitzelauf zehrt eben doch zu sehr aus. Man denkt zwar, man sei erholt, ist es aber doch nicht.

Egal, ich wollte in Tokio auf jeden Fall gewinnen. Aber ich hatte dann doch keine Chance gegen die Jegorowa, das war schon zur Hälfte klar. Die ist vorweggelaufen und ich konnte nicht dranbleiben. Dennoch lag ich lange Zeit recht sicher auf dem zweiten Platz. In Tokio geht es ungefähr bei Kilometer 33 am Prince Hotel vorbei Das ist eine besondere Stelle, denn in dem Hotel waren wir in den 1980ern sehr oft untergebracht. Häufig haben wir damals geunkt, dass dies die beste Stelle sei, um auszusteigen. Für mich ist das ein schönes Gefühl, wenn ich das Hotel passiere, denn ich weiß, dann sind es keine zehn Kilometer mehr bis ins Ziel. Aber an diesem Tag war es keine so glückliche Stelle. Just hier kam noch eine Japanerin „angeflogen", und ich konnte ihr nicht folgen. Ich war völlig kaputt, jeder Schritt tat mir weh. Funk- und Fernsehwagen fuhren mit, und ich konnte den Anschluss nicht halten. Ich habe mich über die letzten Kilometer nur noch gequält, immer im Fokus der Kameras, und das Ziel schließlich als Dritte erreicht.

Komisch, dass mir die Hitze so zusetzte. Anderen macht sie überhaupt nichts aus, die mögen das geradezu. Und eigentlich müsste ich mich doch irgendwann daran gewöhnt haben. Schließlich trainierten wir ja auch oft in großer Hitze, zum Beispiel in Mexiko.

Mit ASICS auf Promotion-Tour

Wenn Mutter und Tochter laufen ....

...muss der Vater und Trainer auf das Kinderfahrrad aufpassen

Auch im Training flott unterwegs

Training im Stadion auf Lanzarote 1995

Olympische Spiele in Atlanta – Training im Regen

Vorbereitung der Trinkflaschen für den Olympia-Marathon am nächsten Tag

Start 1992 in Atlanta bei schwül-warmen Temperaturen

Atlanta, noch 100 Meter bis zum Ziel – 7 Sekunden hinter der Dritten nur der undankbare 4. Platz

Dort fand sich regelmäßig eine bunte Truppe von Sportlerinnen aus verschiedenen Ländern zusammen: Mexikanerinnen, Russinnen, Polinnen, wir – es machte unglaublich Spaß, in dieser Läuferfamilie gemeinsam Sport zu treiben. Schon die Aussicht auf ein Trainingslager in Mexiko war ein motivierendes Ziel für uns. Überhaupt waren diese Begegnungen mit anderen Läuferinnen immer wieder etwas Besonderes.

Marathonlauf verbindet – eine große Familie

Was mir bei uns Marathonläuferinnen immer wieder gefällt, ist der große Zusammenhalt. Oft kann man ja davon hören und lesen, wie ausgeprägt im Konkurrenzkampf die Rivalität bis hin zu Neid und Missgunst bei Sportlerinnen und Sportlern verschiedenster Disziplinen ist. Natürlich sind auch wir im Wettkampf erbitterte Gegnerinnen und kämpfen um den Sieg. Schließlich kann immer nur eine ganz vorn landen. Aber neben dieser knallharten Konkurrenz im Wettstreit gibt es auch den Respekt vor der anderen. Es existiert eine weltumspannende Verbundenheit unter uns Athletinnen. Dieses gute und freundschaftliche Verhältnis beschränkt sich nicht nur auf den Sport, sondern hat sich zum Teil bis in den privaten Bereich hinein entwickelt. Ich glaube, das kommt daher, dass jede weiß, was die andere eigentlich leistet. Marathon ist eine sehr harte Disziplin. Um erfolgreich in der Spitze mitzulaufen, ist ein extrem hartes, kontinuierliches und langes Training erforderlich. Das durchzuziehen und immer wieder im Wettkampf die absolute Höchstbelastung zu meistern, das schätzt man an den anderen. Und diese Besonderheit in unserer Disziplin bietet den Rahmen, andere Menschen, Sportlerinnen, samt ihren Eigenarten und kulturellen Mentalitäten nicht nur als Konkurrentinnen, sondern eben auch als Menschen schätzen und kennen zu lernen.

So zum Beispiel 1987 beim Weltcup in Seoul. Nach dem Wettkampf fand abends ein großes Abschlussbankett statt. Wir waren natürlich kaputt von dem langen Lauf, aber die Stimmung war gut. Letztlich war das Bankett für unseren Geschmack viel zu früh zu Ende. Also haben wir Ostdeutschen uns mit den Russinnen kurz verständigt und sind dann einfach mit zu denen aufs Zimmer. Uta Pippig und Annette Finke (später Annette Nielsen) waren dabei, und bei den Russinnen kann ich mich besonders an die Ivanova erinnern. Zum ersten Mal konnten wir dort die russischen Sportlerinnen wirklich locker erleben. Es wurde ein richtig schöner Abend. Die Russinnen hatten Konfekt dabei, und wir hatten Getränke mit, wie Apfelschorle und Sportgetränke. Gemeinsam haben wir gefeiert und uns dabei mit Händen und Füßen unterhalten so gut es eben ging. Dass wir in der DDR Russisch in der Schule gelernt hatten, hat die Sache natürlich erleichtert. Auch wenn wir einiges mit der Zeit vergessen hatten, klappte es ganz gut. Es war ein toller Abschluss der Wettkämpfe und des Abends. Von diesem Tag an war unser Verhältnis durchgängig gut. Bei späteren Wettkämpfen sind wir immer aufeinander zugegangen, haben Neuigkeiten ausgetauscht und uns nacheinander erkundigt.

Diese Form des Miteinanders hat sich auch nach der Wende fortgesetzt. Ich denke hier zum Beispiel immer wieder gerne an die Treffen mit der ‚Wagner-Gruppe' zurück, in der so berühmte Läuferinnen wie Tegla Louroupe und Joyce Chechumba unterwegs waren. Zwei Läuferinnen, die ich sehr mag und die ich immer wieder in verschiedenen Trainingslagern getroffen habe. Wenn wir dann zusammensaßen, konnte ich nicht genug davon bekommen, sie von Zuhause erzählen zu hören, von dem Leben in einem Land, welches so ganz anders ist als das, aus dem ich komme. Besonders schön war es, wenn sie ihre afrikanischen Lieder gesungen haben – einfach herrlich.

Ich könnte noch viele nennen, aber ich möchte vermeiden, die eine oder andere zu vergessen. In jedem Fall ist es so, dass ich weltweit viele Läuferinnen zu meinen Freundinnen zähle. Selbst wenn wir uns manchmal lange nicht gesehen haben – kaum sind wir zusammen, ist das gute Verhältnis wieder da. Wenn wir gerade einen Wettkampf absolviert haben, gibt es nicht selten Fragen wie: Bleibst du noch ein paar Tage? Machst du morgen was? Wollen wir zusammen laufen? Schnell haben wir uns gefunden und dann wird gemeinsam ein Trainingslauf absolviert – und dabei werden natürlich die letzten Neuigkeiten ausgetauscht.

Und du lernst im Rahmen solcher Trainingslager auch die kuriosesten Menschen kennen. Wenn ich da nur an den Schweizer Bruno Lafranchi denke – ein lieber Typ, aber völlig chaotisch. Auch mein Manager kann sich bestens an Bruno erinnern. Der war nämlich bei einem großen Lauf einmal mit Bruno in einem Zimmer untergebracht. Morgens um fünf wurde er unsanft von Bruno geweckt. Denn der hatte um diese Zeit damit begonnen, um die Betten herumzulaufen. Und dann hat er Stretching gemacht. Mein Manager wollte aber nur schlafen, weil er vom Flug total übermüdet war. Bruno war zwar auch übermüdet, aber genauso aufgeregt und kam daher nicht zur Ruhe. Trotz dieses anfänglich etwas wilden Zusammentreffens hat sich später eine richtige Freundschaft zwischen den beiden entwickelt. Vor allem beim Training in Davos habe ich Bruno dann immer wieder getroffen, im Grunde hat er als Schweizer uns erst richtig auf den Geschmack gebracht, dort zu trainieren. Er kannte sich bestens aus und hat alles für uns organisiert. Deshalb sind wir dann immer wieder zur Wettkampfvorbereitung in die Schweiz gefahren – es waren ideale Bedingungen dort in der Höhe. Soviel ich weiß, fährt Bruno da immer noch hin und veranstaltet Fitnesswochen für alle möglichen Leute, mit denen er dann in der Höhe Sport treibt.

Bruno gehört auch zu denen, die dem Sport immer treu geblieben sind. Es ist nicht ausgeschlossen, dass er auch heute irgendwann bei der After-Race-Party auftaucht. Das wird bestimmt nett, nachher. Und das Schönste dabei wird sein – ich werde das Ganze genießen können. Da ich heute richtig gut drauf bin, werde ich nach dem Rennen auch nicht so ausgepowert sein. Nun gut, wenn ich antrete, dann will ich auch Leistung bringen. Das gehört einfach dazu. Aber dennoch ist nicht jeder Lauf so total auszehrend. Aber ein Marathon bleibt immer ein Marathon. Und wenn man, so wie ich jetzt, über 38 Kilometer in den Beinen hat, dann spürt man das natürlich. So ist es nun einmal als Langstrecklerin, wenn man im Laufzirkus ordentlich mitspielen will.

Es war schon echt was los – immer abwechselnd die Trainingslager und die Wettkämpfe. Bereits im April 1994 ging es wieder nach London. Eigentlich wäre auch mal ein anderer Marathon dran gewesen, aber London musste in diesem Jahr einfach sein – zweimal hatte ich bereits dort gewonnen, und diese Serie wollte ich fortsetzen. Und das halbe Jahr Pause ohne Marathon hatte mir gut getan. Und ich hatte Kraft getankt, die ich wahrlich benötigte.

Denn zu dieser Zeit war mit einem Schlag eine neue Nation mit vielen starken Läuferinnen auf der Bildfläche erschienen. Es handelte sich um China. 1993 haben die Chinesinnen so richtig aufgetrumpft. Alle Welt grübelte, warum die plötzlich so stark waren. In den Zeitungen wurden die dollsten Mutmaßungen verbreitet, was die angeblich so alles machen sollten. Ich weiß nicht, ob da wirklich was dran war. Jedenfalls kamen die Chinesinnen dann doch nicht, und mein Ziel war klar: Ich wollte unbedingt den Hattrick schaffen. Drei Mal in Folge den London-Marathon gewinnen, das hatte es noch nicht gegeben, und das zu schaffen reizte mich enorm.

Und dann kam dieses totale Bummelrennen. So eines, wie ich es gar nicht mag. Das Tempo machten eher Läuferinnen, die nicht zur absoluten Spitze gehörten – wir hängten uns einfach dran. War eigentlich nicht so toll, aber an diesem Tag eben die Taktik. Schell wurde es erst auf den letzten 15 Kilometern. Da war ich dann mit Lisa Ondieki alleine, und ich dachte mir bei Kilometer 32: Komm, drück einfach auf die Tube, dir geht es gut und jetzt hau drauf, solange es geht. Und es ging unerwartet leicht. Lisa Ondieki fiel ziemlich bald zurück und ich konnte einen recht ungefährdeten Sieg einlaufen. Endlich mal wieder ein Rennen, das ich am Ende richtig genießen konnte. Mir ging es gut, ich war schnell, und niemand hing an mir dran – richtig klasse, so befreit laufen zu können. Die Endzeit war, bedingt durch die Anfangsbummelei, nicht berauschend, nur 2:32:33, aber ich hatte London zum dritten Mal in Folge gewonnen.

Leider gingen nicht alle Läufe so problemlos vonstatten. Die raue Wirklichkeit holte mich ganz schnell wieder ein. Denn es folgte der berüchtigte Lauf bei der EM in Helsinki am 8. August 1994. Eigentlich wollte ich da gar nicht laufen. Es war wieder erbärmlich heiß, und ich war für diesen Lauf einfach nicht bereit – ich war im Kopf nicht auf Laufen eingestellt. Körperlich war ich in guter Verfassung, denn ich hatte viel trainiert. Aber beim Marathon spielt auch der Kopf eine wichtige Rolle – und da haperte es. Denn wenn du nicht wirklich brennst, kannst du es vergessen.

Und so war es leider bei diesem Wettkampf. Ich bin nur an den Start gegangen, um Wolfgang mit einer Medaille seinen Job beim DLV zu sichern. Bei ihm stand nämlich mit einem Mal alles auf der Kippe. Also dachte ich, ich lege einen guten Lauf hin, dann werden sie seine Qualitäten als Trainer schon weiterhin zu schätzen wissen. Und dann höre ich doch tatsächlich auf einer Pressekonferenz: Egal, ob ich gewinne oder schlecht laufe, das hat überhaupt keinen Einfluss – damit war meine Motivation natürlich endgültig im Keller.

Nun waren wir aber schon mal da und haben gedacht: Gut, nutzen wir die Veranstaltung halt als lange Trainingseinheit. Ich habe fest damit gerechnet, dass Wolfgang mich bei Kilometer 28 rausnimmt. Die Strecke bildete eine Art Acht, und der Punkt war meiner Ansicht nach für den Ausstieg günstig. Aber als ich bei Kilometer 28 vorbeikomme, steht gerade das Fernsehen bei Wolfgang – und statt mich raus zu nehmen, hat er mich auch noch angefeuert. „Das kann doch nicht sein", dachte ich, bin aber brav weiter gerannt. Ich hatte zwar überhaupt keinen Bock mehr, aber dem Trainer gehorchend lief ich die nächste Schleife. Als ich das nächste Mal an ihm vorbeilief, sagte er zum Glück: „Komm Katrin, komm raus", und ich ging auch augenblicklich an die Seite und beendete die Quälerei – endlich.

Das war das erste Mal, dass ich ausgestiegen bin, obwohl eigentlich kein Grund dafür vorlag. Uns war klar, dass wir so schnell wie möglich eine neue Startmöglichkeit finden mussten. Denn wenn sich ein Ausstieg erst einmal mental festgesetzt hat, ist die Gefahr groß, dass sich so etwas wiederholt, und das wollte ich unbedingt vermeiden. Unser Ziel war schnell gefunden: Der Berlin-Marathon im September 1994.

Und für Berlin hatte ich mir eine Menge vorgenommen. Ich wollte unbedingt eine neue persönliche Bestzeit laufen. Die stand bei 2:25:24, aufgestellt im November 1986 in Tokio. Somit war es höchste Zeit, endlich zu versuchen, diese Marke zu knacken. Einmal für mich selbst, aber auch für meinen Sponsor. Ich war bei ASICS unter Vertrag, hatte auch viele Läufe gewonnen, darunter drei Mal in Folge den London-Marathon, aber nun wollte ich auch noch eine schnelle Zeit laufen, nicht zuletzt, um meinen finanziellen Status beim Sponsor zu behalten. Ich ging also den Lauf in Berlin ganz akribisch an.

Dirk Nürnberger machte für mich das Tempo. Er hatte mir das angeboten, und ich hatte gerne angenommen, um vor allem in der ersten Hälfte eine zuverlässige Richtschnur für die geplante Endzeit zu haben. Gerade im Wettkampf ist sonst die Gefahr sehr groß, sich an den „Falschen" zu orientieren und dann entweder zu schnell oder zu langsam zu beginnen. Ich hatte mit Dirk jemanden aus meiner Trainingsgruppe, den ich gut kannte, und so sind wir exakt die geplanten Zwischenzeiten gelaufen. Ohne jeden Einbruch ging das vonstatten. Viele denken sicherlich, dass so eine neue persönliche Bestzeit nur mit äußerstem kämpferischen Einsatz erzielt werden kann. Aber nicht so in diesem Rennen. Von Anfang an sind wir ruhig und gleichmäßig vor dem Frauenfeld gelaufen. Es war mein erster Start in Berlin, aber ich wusste, dass die Strecke einige Schwierigkeiten aufzuweisen hatte. Doch zu meinem Erstaunen konnte ich selbst die Strecke hinauf zum wilden Eber problemlos bewältigen. Lediglich zum Ende hin zog es sich gewaltig, aber schließlich hatte ich es geschafft – Sieg beim Berlin-Marathon. 2:25:15 bedeuteten nicht nur persönliche Bestzeit, sondern auch noch Streckenrekord, was mich und meinen Sponsor sehr gefreut hat.

An meinen Sponsor werde ich soeben auch prompt erinnert. Ein riesiges Werbe-Banner bläht sich am Streckenrand leicht im Wind. ASICS steht drauf, und noch etwas, das ich im Vorbeilaufen allerdings nicht lesen kann. Egal, ASICS habe ich erkannt. Und wenn ich den Namen meines Sponsors lese, dann erinnert mich das an viele Dinge, die keineswegs nur mit Geld zu tun haben. So ein Sponsor übernimmt eine wichtige Rolle im Leben einer Spitzensportlerin wie mir. Viele Leute haben häufig falsche Vorstellungen von Sponsoring.

ASISC – mehr als nur ein Sponsor

Hört und liest man von Sponsoren, denkt man in erster Linie an Geldgeber. An Firmen, die ihre Artikel damit bewerben, dass sie bei Veranstaltungen genannt werden. Oder die bekannte Sportler quasi kaufen, um mit deren Erfolg die eigenen Produkte einer breiten Öffentlichkeit zu präsentieren. Die Rolle der Sponsoren umfasst aber viel mehr. Leistungssport in dem Maß, wie er betrieben wird, wäre ohne finanzielle Unterstützung durch entsprechend engagierte Unternehmen nicht machbar. Undenkbar, wenn eine Weltklassesportlerin neben dem knüppelharten Training auch noch die gesamten Unkosten für Reisen, Wettkampfvorbereitungen und Ähnliches weiter vollständig aus eigener Tasche aufbringen müsste. Schnell würde sich die Konzentration vom Training auf die Sicherung des Unterhalts verlagern – und vorbei wäre es mit dem Verbleib in der Weltspitze.

Sind wir also froh, dass es Firmen gibt, die auch in wirtschaftlich schwierigen Zeiten die Bedeutung des Sports erkennen und uns Spitzenathletinnen und -athleten weiterhin unterstützen. Für uns Sportler spielt der Sponsor neben der sachwerten und finanziellen Unterstützung aber noch eine ganz andere, mindestens genauso wichtige Rolle.

Dass Marathon verbindet, wir eine große Familie sind, habe ich ja bereits erzählt. Und wie in jeder Familie braucht es auch bei uns jemanden, der die Fäden in den Händen hält, der immer wieder Familienfeiern organisiert und sich darum kümmert, dass möglichst viele Familienmitglieder auch wirklich zusammenkommen. Diese Rolle wird häufig von Sponsoren übernommen, bei mir zum Beispiel von ASICS. Auch über die aktive Zeit hinaus ist der Kontakt aufrechterhalten worden. Immer wieder erhalte ich die Anfragen, ob ich für den Sponsor zu bestimmten Veranstaltungen reisen kann und möchte. Und wenn meine Zeit es zulässt, dann komme ich dem gerne nach. Wie zum Beispiel 2004, als ich zu den Olympischen Spielen nach Athen gefahren bin, um für Euro Sport den Marathonlauf der Frauen zu kommentieren.

In Athen kam es nach längerer Zeit wieder einmal zu einem Treffen der Läuferinnen aus der ASICS-Familie. Denn außer mir waren noch Laura Fogli, Rosa Mota, und Juko Arimori da. Bei der Pressekonferenz im Vorfeld des Marathons haben wir uns getroffen, umarmt, und sofort war der Faden wieder da. Gesprächsstoff hatten wir in Hülle und Fülle. Über den Sport natürlich, aber auch über private Dinge. Was macht die Familie? Und überhaupt, wie geht's? Was machst Du zurzeit? Trainierst du noch? Und schnell stellten wir fest: Auch nach Beendigung ihrer Karriere laufen wir alle noch fast täglich.

„... wenn ich mal ein, zwei Tage nicht laufen kann, fehlt mir was ..."

Das ist mir wie aus der Seele gesprochen – denn mir geht es genauso. Wenn du einmal mit ganzem Herzen diesen herrlichen Sport betrieben hast, dann bleibst du dem Laufen einfach treu.

Irgendwie hat jede von uns eine Aufgabe im sportlichen Bereich gefunden. Rosa Mota zum Beispiel, deren Mann als Trainer arbeitet, gehört nun zum Betreuerstab der portugiesischen Mannschaft. Andere arbeiten mit Fernsehsendern zusammen, wie zum Beispiel Laura Fogli, die für RAI am Mikrophon sitzt. Der Laufsport lässt keine von uns los.

Und da wir auch mit den Aktiven zusammenkommen, wenn der Sponsor die Treffen arrangiert, bleiben wir mitten drin im Geschehen. So ein ASICS-Termin ist eine Goldgrube für Neuigkeiten und Informationen. Diese Treffen, an denen auch viele Manager und Trainer teilnehmen, sind eine unbezahlbare Börse für Hintergrundwissen, an das wir sonst niemals herankämen. Wer trainiert wo? Ach, die Japaner probieren scheinbar alles aus – Davos, Mexiko, zurzeit China ... Was macht die anderen so stark? Zum Beispiel die Kenianer – Wo trainieren sie? Wie trainieren sie? Dinge, die ein Normalsterblicher nicht erfährt. Einfach klasse, auf diese Weise Teil des Ganzen zu bleiben oder auch immer wieder neue Persönlichkeiten kennen zu lernen.

Den Läufer Lasse Viren kannte ich beispielsweise nur aus dem Fernsehen oder aus Büchern. Im Rahmen eines unserer Sponsorentreffen habe ich ihn zum ersten Mal persönlich kennen gelernt – und sofort einen Draht zu ihm und jede Menge Gesprächsstoff gehabt. Es ist einfach schön, ohne den Leistungsdruck, den man als Aktiver hat, sich immer wieder zu begegnen und über die Vergangenheit, die Gegenwart und die Zukunft zu sprechen.

Eines ist aber auch klar. Auch wenn ich heute nicht im knallharten Wettbewerb stehe, sondern relativ ungefährdet vorne laufe, ein Marathonlauf bleibt eine ungeheure Herausforderung. Und selbst wenn ich einmal ohne Aussicht auf den Sieg bin, ich will in jedem Fall das Ziel erreichen. Jeder Marathon ist ein Abenteuer. Man weiß nämlich vorher nie, ob man tatsächlich ins Ziel kommt. Dafür ist die Strecke einfach zu lang, und unterwegs lauern viel zu viele Tücken, die dieses Unterfangen verhindern können.

Ein Lauf der ganz besonderen Art war für mich sicherlich die fünfte Teilnahme am London-Marathon im Jahr 1995. Ein Paradebeispiel dafür, wie einen die Ereignisse während des Rennens völlig aus Bahn werfen können. Gerade, wenn man nicht optimal vorbereitet ist oder gar gesundheitliche Probleme hat, sollte man solch ein Abenteuer lieber lassen. Das kann ich all denen nur dringend empfehlen, die vorwiegend zu ihrem Vergnügen und ohne wirtschaftliche Zwänge teilnehmen. Bei uns Profis geht es leider nicht immer, dann einfach abzusagen.

Marathon des Leidens

Mein fünfter London-Marathon war so ein Lauf, den ich besser nicht bestritten hätte. Schon vor dem Start wusste ich, dass ich am darauf folgenden Dienstag unters Messer musste. Ich hatte zu jenem Zeitpunkt erhebliche Schwierigkeiten mit einem Fersensporn. Mit derartigen Problemen bist du nicht frei im Kopf und kannst dich nicht auf den Wettkampf konzentrieren. Ich war nervlich sehr angespannt, denn ich hatte wochenlang nur mit Schmerzen trainiert. Eigentlich wollte ich gar nicht laufen, obwohl ich nun mal da war. Ich sagte immer wieder: „Ich fahr jetzt nach Hause!" Aber Helmut und Wolfgang standen vor meiner Hoteltür, klopften und riefen: „Katrin, du kannst nicht einfach heimfahren!" Aber ich wollte nur weg. Ich war völlig durcheinander.

Letztendlich bin ich dann doch gelaufen. Aber wir hatten uns geeinigt, dass ich bei Kilometer 20 aussteigen sollte, wenn es gar nicht mehr ging. Das wäre ziemlich genau bei der Tower Bridge gewesen, in unmittelbarer Nähe unseres Hotels. Also lief ich los, aber es war schlimm. Eigentlich war ich gut drauf, aber ich konnte das Tempo trotzdem nicht halten, da ich vor Schmerzen kaum auftreten konnte. Kurven konnte ich gar nicht mehr laufen, um die bin ich fast nur noch rum geschlichen. Und der Druck, der auf mir lastete, war riesig. Ich durfte nicht zu langsam werden, denn die Auszahlung des vereinbarten Startgeldes war an eine Zeit gebunden. Ich glaube, die Grenze lag bei 2:33, sonst wäre ich leer ausgegangen. Und so probierte ich es halt. Immer wieder schaute ich auf die Uhr, rechnete hin und her und überprüfte, ob ich noch in der Zeit liege – ansonsten wäre ich sofort ausgestiegen. Es war die totale Quälerei. Als ich bei Kilometer 20 an Wolfgang vorbeilief, rief ich ihm zu: „Es tut wirklich weh! Was soll ich machen?" „Wenn du es noch aushältst und irgendwie die Zeit halten kannst, dann bring das Ding heim", gab er mir auf die zweite Hälfte mit. Na ja, ich probierte es halt und habe es letztlich auch geschafft.

Aber schön war es nicht. Ins Ziel zu kommen und überhaupt nicht kaputt zu sein war ein Gefühl, das ich bis dahin nicht kannte. Ich war nicht kaputt, weil ich nicht wirklich schnell hatte laufen können, obwohl die Zeit nicht einmal so schlecht war. 2:32:17 bedeuteten Rang sieben. Aber in der Verfassung war ich sicher sieben bis acht Minuten langsamer gewesen, als unter normalen Umständen. Ich hatte dieses Mal nicht gegen Konkurrentinnen auf der Strecke fighten müssen, oder besser gesagt, können. Dieses Mal war wirklich nur die Zeit mein Gegner gewesen. Ich war ja lange nicht am Limit gelaufen, da ich einfach nicht richtig auftreten konnte. Aber ich war immerhin schnell genug gewesen, um mein Startgeld mit nach Hause nehmen zu können, und das war wichtig. Schließlich war das ja auch mein Job. Und ich wusste nicht, wie es nach der OP weitergehen würde. So ein kleines Polster konnte da nicht schaden. Denn nach dem Eingriff musste ich erst einmal pausieren.

So wirklich schlimm wurde es dann zum Glück aber nicht. Recht schnell konnte ich das Training wieder aufnehmen. Einen Sommermarathon allerdings verkniff ich mir, das wäre dann wirklich verrückt gewesen. Im Grunde reicht auch für den Körper die Belastung mit zwei Läufen im Jahr völlig. Wenn ich mich bei den Konkurrenten hier so umschaue, frage ich mich, wie oft die wohl auf diese lange Strecke gehen. Es gibt ja die reinsten Marathonsammler, habe ich gehört, die versuchen, so viele Starts wie möglich zu absolvieren. Na gut, aber die müssen dann bei der Intensität Abstriche machen. Das war bei mir anders. Da hieß es immer: volle Pulle – es geht ums Ganze. Und ums Ganze sollte es auch gehen, als ich nach erfolgreicher Operation im Herbst 1995 zum ersten Mal in Frankfurt an den Start ging.

Athen 2004 mit Tatsuya Nagoshi von Asics Japan und Matthias Kohls von Asics Deutschland

Athen 2004 Asics-Familie v.l. Yuko Arimori, Ich, Lasse Viren, Rosa Mota und Laura Fogli

Osaka Marathon Lydia Simon vereitelt den Hattrick 1998

Tokio-Marathon 1998

Zur neuen Bestzeit beim Hamburg Marathon 1999

In der Maske für den Fernsehauftritt

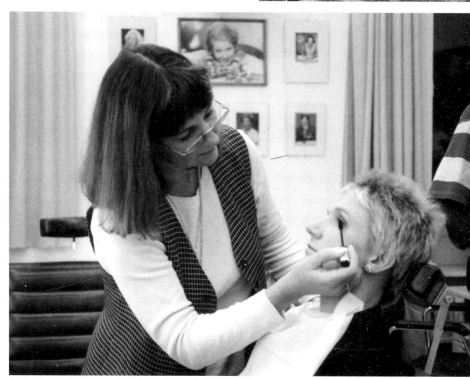

*Frühstück auf dem Hotelzim-
mer morgens um Fünf – vor dem
Frankfurt Marathon 1995*

Trainingsterrain zu Hause in Erbach

Links: Athen 2004 mit Dirk Thiele bei Eurosport,
Kommentation des Olympischen Marathons

Nach der vorbereitenden Diät für die Wettkämpfe erforderlich: Glukose Infusion um die Kohlehydratspeiche aufzufüllen

Zum zweiten Mal in New York beim N.Y. Marathon 1999

Japanische Begeisterung

Siegerehrung für den dritten Platz in New York

Der letzte Marathon im Jahr
2000

In der Mainmetropole gab es eine Neuerung. Der Frauenmarathon sollte stärker in den Mittelpunkt gerückt werden und so starteten wir getrennt von den Männern. Ich fand das absolut furchtbar, denn dafür hatten einfach zu wenig Frauen gemeldet.

Wir liefen die ganze Zeit ziemlich einsam vor uns hin, da die Spitzengruppe aus lediglich vier Läuferinnen bestand. Außer mir waren das Birgit Jabaschek und Claudia Lokar, die für mich das Tempo machen sollten, sowie die Schweizerin Franziska Rocher. Die hatte im Jahr zuvor bei ihrem Sieg in 2:27 einen neuen Streckenrekord aufgestellt und war somit klare Mitfavoritin. Aber mehr waren wir nicht. So trabte unser kleines Häuflein durch die Mainmetropole. Und das bei erbärmlichen äußeren Verhältnissen, denn es goss wie aus Kübeln. Schon nach dem Einlaufen waren wir klatschnass. Nicht genug damit, während des Rennens ging es wie bei den zehn kleinen Negerlein – auch wenn wir nur vier waren –, eine nach der anderen „verschwand". Als Erste musste nach nur zehn Kilometern Franziska aussteigen. Claudia sollte bis Kilometer 15 dabei sein und hat dann auch plangemäß aufgehört. Birgit sollte mich bis Kilometer 20 begleiten. Mir zuliebe ist sie dann sogar weitere fünf Kilometer mitgelaufen, aber dann war auch sie weg – mehr war nicht machbar, da sie im Herbst einen weiteren Marathon vor sich hatte. Und so war ich dann auf dem letzten Teilstück alleine. Vor mir war niemand, bei mir war niemand, und hinter mir klaffte ein Loch von mehr als acht Minuten. Die Motivation war dementsprechend, und so bin ich auf den zweiten zwanzig Kilometern von der Zeit her völlig eingebrochen. Gut, ich wollte gewinnen, aber für eine Top-Zeit fehlte unter diesen Umständen – Dauerregen und keine Frau weit und breit – dann doch jede Motivation. Ich hab nur noch zugesehen, das Rennen anständig zu Ende zu bringen. Wir haben später mit den Veranstaltern gesprochen, und es blieb zum Glück das einzige Rennen, bei dem der Frauenlauf getrennt ausgetragen wurde.

Ganz anders war es einige Monate später in Osaka. Dort gab es ein großes Feld mit vielen Spitzenläuferinnen. Das war richtig cool. Wir waren eine große Gruppe, und der Fight hat richtig Spaß gemacht. Zum Schluss wollte ich es wissen. Ich lief bei Kilometer 34 los.

Mir konnte nur noch die Japanerin Susuki folgen, die ein Jahr später Weltmeisterin im Marathon wurde. Den Abschnitt zwischen Kilometer 35 und 40 lief ich in 16:31!

Susukis Trainer blieb aber ganz ruhig, denn er glaubte immer noch, dass sie gewinnen würde, da sie über die kürzeren Distanzen sehr schnell war, sie lief damals die 10.000 Meter immerhin in 31 Minuten. Aber ich konnte meinen Vorsprung halten, allerdings auch nur, weil ich auf den letzten beiden Kilometern noch einmal alles aus mir herausholte und mit 3:20 auf 1000 Meter ebenfalls sehr schnell war.

Warum bin ich eigentlich, obwohl ich wusste, dass ich mit Hitze Probleme habe, immer wieder im Sommer gestartet? Manchmal frage ich mich das wirklich. Auch heute ist es ganz schön heiß, und dennoch treffe ich immer wieder auf Teilnehmer, die in viel zu warmen Klamotten unterwegs sind. Mir scheint, dass viele nicht bedenken, wie erbärmlich heiß es einem im Verlauf eines Marathons wird. Die Körpertemperatur steigt und steigt, und selbst wenn man am Start noch gefröstelt hat, bis Kilometer 10 ist man mit Sicherheit in Schweiß gebadet – und dann rächt es sich, zu warm angezogen zu sein – lieber zunächst ein wenig frieren. Bisweilen habe ich mich auch zu warm angezogen. Das geschah allerdings bewusst und nicht im Wettkampf, sondern beim Training, um Hitze zu simulieren. Denn bei einigen meiner früheren Wettkämpfe hat mich die Hitze mit schöner Regelmäßigkeit aus den Schuhen gehauen. Und so musste ich lernen damit umzugehen. Letztendlich hätte niemand die Olympischen Sommerspiele in die kühlere Jahreszeit verlegt, nur damit Katrin Dörre hätte besser laufen können. Also half es nichts, ich musste mich immer wieder der Hitze stellen, so zum Beispiel auch im Juli 1996 in Atlanta.

Hitzeschlacht – Olympische Spiele 1996

Bei diesen Spielen war ich super vorbereitet, und ich war mir sicher, eine Medaille zu gewinnen. Da ich mit Hitze überhaupt nicht zurecht komme, hatte ich speziell für diese Bedingungen trainiert.

Wir waren viele Wochen in Spanien gewesen, wo ich bei 30 bis 40 °C immer in einer langen schwarzen Hose und einem langen schwarzen Hemd gelaufen bin. Einzige Ausnahme waren Tempoläufe. Im Vorfeld konnte ich im Training die 10 Kilometer in 31:34 laufen, das war schon was, wenn man bedenkt, dass ich eigentlich nicht der Trainingstyp bin, sondern erst im Wettkampf zur Top-Form auflaufe. Das Rennen verlief dann für mich sehr enttäuschend. Dass ich überzogen hatte, war eher unwahrscheinlich, da alle Parameter, bis hin zu den letzten Ausbelastungen, prima waren. Aber ich hatte selbst mit dieser Vorbereitung meinen Körper nur in einem gewissen Maß auf die Bedingungen am Wettkampftag vorbereiten können. Es war extrem schwül und zudem herrschte brutalste Hitze. Ich kam leider nur auf dem undankbaren vierten Platz ins Ziel. Zwar nur sieben Sekunden hinter der Dritten, aber ich hatte das Podest verpasst. Wenn nichts mehr geht, ist auch diese winzige Zeitspanne eine Ewigkeit. Anschließend ging es mir richtig schlecht. Erst nach der zweiten Infusion kehrte ich allmählich wieder ins Leben zurück. Mein Körper war völlig dehydriert, der Urin war dunkelbraun. Der Arzt war sehr erschrocken, deshalb ordnete er auch gleich den Tropf an. Seiner Ansicht nach hatte ich noch Glück gehabt, denn die Gefahr eines Nierenversagens sei sehr groß gewesen.

Die Schlauberger werden jetzt sagen: „Du hättest halt mehr trinken müssen." Ich habe ausreichend getrunken, aber mein Körper verlor so viel Flüssigkeit, dass ich dies in der kurzen Zeit nicht kompensieren konnte. Das war verdammt hart, denn so konnte ich mein wirkliches Leistungsvermögen unter diesen Bedingungen nicht zeigen. Vor allem deshalb war ich so enttäuscht. Und dann kam der Rücktransport ins Hotel – in meinem bescheidenen Zustand. Wenn ich hier und heute so um mich schaue, dann sehe ich an jeder Ecke Krankenwagen und Transportfahrzeuge für Aussteiger. Nun sollte man glauben, bei den Olympischen Spielen wäre das für die Athletinnen und Athleten mindestens genauso komfortabel gewesen – Pustekuchen. Das durfte ich 1996 hautnah erleben. Ich musste ja irgendwie wieder zurück in mein Hotel. Ich wohnte nämlich nicht im Olympischen Dorf, da dort die Zimmer nicht klimatisiert waren und ich bekanntermaßen meine Probleme mit der Hitze habe. Am Stadion gab es keine Taxis, das heißt, ich hätte zuerst mit dem Shuttle zum Olympischen Dorf gemusst, um dann dort ein Taxi nehmen zu können. Das war aber leider nicht so einfach. Der Arzt bestand darauf, dass ich nicht alleine fahren dürfte. Also kam als Begleitung nur Wolfgang in Frage, denn andere Trainer verließen das Stadion nicht mehr, da für ihre Athleten die Wettkämpfe jetzt begannen. Nur war Wolfgang leider nicht akkreditiert. Das bedeutete, dass er nicht mit mir in den Shuttle-Bus durfte. Und kein Funktionär war in der Lage, mir ein Fahrzeug zu stellen, die „hohen" Herrschaften interessierte das einfach nicht. Einzig Bernd Schubert hat sich bemüht. Er konnte durch einen Freund einen Krankentransport für mich organisieren. Das war die einzige Möglichkeit, in mein Hotel zu kommen. Und selbst das war nicht so einfach. Wir mussten denen nämlich glaubhaft machen, dass ich nicht gehfähig war. Weißt du, was das hieß? Ich musste mich in einen Rollstuhl setzen und wurde durch die Katakomben gekarrt. Dabei trafen wir Gott und die Welt. Das war mir vielleicht peinlich. Ich habe zwar versucht, mich so gut es ging unsichtbar zu machen, aber viele, die mich kannten, sprachen mich natürlich an.

Im Herbst lief es dann zum Glück wieder besser für mich. Es ist ja immer wieder dieses Auf und Ab bei den Wettkämpfen – immer im Sommer geht es leider häufiger bergab, im Herbst dann eben wieder bergauf.

Der Frankfurt-Marathon war meine nächste Station. Nach so einem Sommer-Desaster ein schweres Unterfangen. Ich hatte ja alles auf die Olympischen Spiele gesetzt, nach denen ich erst einmal völlig leer war, sowohl physisch als auch psychisch. Ich hatte lange an Atlanta zu knabbern. Man muss für einen Marathon, den man laufen möchte, brennen. Und diese Einstellung konnte ich mir in der kurzen Zeit einfach nicht erarbeiten. Das heißt nicht, dass ich nicht gut für den Wettkampf trainiert hätte, aber es war schwierig, die richtige Einstellung zu finden. Und das hatte Folgen. Am Morgen vor dem Lauf hatten wir uns mit unserem Manager Helmut Ebert für eine bestimmte Zeit verabredet. Wer nicht kam, war ich. Ich hatte noch Karten gespielt und mir keine Gedanken darüber gemacht, einige Minuten zu spät zu kommen. Unter normalen Umständen wäre mir das nie passiert, da wäre ich eher deutlich zu früh da gewesen. Helmut war also sehr beunruhigt, wusste er doch nicht, wie er das Ganze einzuordnen hatte. Im Nachhinein, gestand er mir, dass er zum ersten Mal Angst hatte, ich würde aussteigen, da ich auf ihn den Eindruck gemacht habe, als sei mir alles ziemlich egal. Aber auf so einen Gedanken wäre ich nie gekommen. Es hätte im schlimmsten Fall ein enttäuschender Lauf werden können, aber wer mich kennt, weiß, dass ich immer gewinnen wollte, wenn ich erst einmal am Start stand, egal, wie ich mich fühlte oder wie die Umstände gerade waren.

Der Rennverlauf war dann zu Beginn für mich nicht sehr viel versprechend. Ursula Jeitzinger aus der Schweiz lief ein Tempo, das mir einfach zu hoch erschien. Ich dachte noch: „Wenn sie das durchläuft, dann hast du heute keine Chance, dann ist sie einfach stärker." Sie hatte auf den ersten zehn Kilometern bis zu einer Minute Vorsprung. Also konzentrierte ich mich auf den zweiten Platz. Aber sie hatte sich völlig übernommen. Noch vor der 15-Kilometer-Marke überholte ich sie. Bei ihr ging gar nichts mehr. Ich lief mein Tempo weiter und gewann in 2:28:33! So kurz nach Olympia eine Wahnsinnszeit, die aber auch zeigte, wie gut ich für Atlanta trainiert hatte und vorbereitet gewesen war.

Aber nach dem Lauf passierte mir etwas, das zeigte, dass auch eine derart gestandene Athletin, zu denen ich mich eigentlich zähle, richtig große Fehler machen kann. Ungefähr dreißig Minuten nach dem Lauf ging es mir sehr schlecht. Schon auf den letzten zehn Kilometern hatte ich ziemliche Magenprobleme, was ich von mir überhaupt nicht kenne. Ich schaute mich schon um, hinter welchem Busch ich verschwinden könnte. Aber ich traute mich nicht, denn das Fernsehen begleitete mich ständig. Ich hatte natürlich Schiss, dass alles gefilmt wird, um es dann auszuschlachten. Ich denke, damit lag ich nicht einmal so verkehrt. Zum Glück habe ich es bis ins Ziel geschafft. Aber dann wurde es so schlimm, dass ich nicht einmal mehr zur Pressekonferenz konnte. Ich bekam Magen- und Bauchkrämpfe sowie heftigen Durchfall, der dann sogar blutig war. Ein Arzt wurde geholt, der mir auch gleich eine Infusion legte. Außerdem sollte ich noch zum Notdienst ins Krankenhaus. Aber man weiß ja, wie das dann so ist. Wenn es einem wieder besser geht, will man vom Arztbesuch nichts mehr wissen. Also habe ich mich erst am nächsten Tag beim Arzt gemeldet, der mich übrigens schon in der Nacht erwartet hatte, da ich ihm vom Notarzt angekündigt worden war. Nach einer Darmspiegelung, bei der man außer der Stelle, die geblutet hatte, nichts fand, versuchte ich zusammen mit dem Arzt, die Ursachen zu ergründen. Und man sollte nicht glauben, was dabei herauskam! Ich hatte in der Früh körniges Schwarzbrot gegessen, was ich noch nie vorher gemacht hatte. Dieses

Schwarzbrot ist aber recht schwer verdaulich. Das Korn konnte in der Zeit bis zum Start nicht verdaut werden, und dadurch entstand eine „Stressblutung". Dieser Anfängerfehler, kurz vor oder während des Wettkampfes etwas zu sich zu nehmen, das man nicht vorher auf Verträglichkeit getestet hat, ist mir übrigens nie wieder passiert.

Die Ernährung

Das Thema Ernährung ist natürlich ein ganz wichtiger Punkt im Leistungssport. Aber auch im Breitensport sollte diesem Aspekt erheblich mehr Aufmerksamkeit gewidmet werden, da auch die Normalsportlerinnen und -sportler ihre Körper gewaltig auszehren. Und wo man viel nimmt, da muss man eben auch etwas zurückgeben. Solch eine harte Belastung, oft über lange Zeiträume, lässt sich nicht ausschließlich mit konventioneller Ernährung verkraften. Der Körper verbraucht zum Beispiel eine Unmenge Mineralien und Kohlehydrate – nur mit einer Portion Nudeln ist es da nicht getan.

Ich hatte das Glück, auch hierbei immer die entsprechende Unterstützung zu erhalten. Denn wenn man diese Präparate auf Dauer selbst bezahlen muss, geht das richtig ins Geld. Insbesondere die Firmen Via Nova aus dem Allgäu und Fitlike aus Buttenheim in Oberfranken haben mich hervorragend mit Ergänzungs- und Aufbaunahrung versorgt. Ansonsten hätte ich über diesen langen Zeitraum mein Training niemals so intensiv durchziehen können. Denn die körperliche Belastung war schon enorm.

Natürlich war ich sehr erschöpft und habe mich auch mal erkältet, aber richtiges Fieber zum Beispiel habe ich, vermutlich aufgrund der zusätzlichen Stärkung meines Immunsystems, nie bekommen. Und Fieber ist das Schlimmste für einen Spitzensportler. Man wird derart geschwächt, dass vieles von dem, was man sich vorher erarbeitet hatte, verloren geht und man danach quasi wieder bei Null anfängt. Wir Spitzensportler waren da insbesondere zu DDR-Zeiten in guter Obhut und wurden ständig medizinisch überwacht. Diese Sensibilisierung, die Schärfung der Wahrnehmung des eigenen Zustands, kam mir auch in der Folgezeit immer wieder zugute. Ein Infekt wäre da schnell festgestellt worden. Im Breitensport ist das natürlich anders. Da muss man eben ohne medizinische Begleitung auf seinen Körper hören. Und wenn der nach einer Pause verlangt, dann sollte man das respektieren. Es bringt überhaupt nichts, bei Krankheit das Training weiter durchzuziehen, nur weil man sich die Teilnahme an einem bestimmten Lauf zum Ziel gesetzt hat. Wenn es nicht geht, sollte man es auch nicht erzwingen wollen. Die Auswahl an Läufen ist ja zum Glück so groß, dass man nach einem verpatzten oder ausgefallenen Marathon schnell einen Ersatz finden kann. Zu schnell hat man sonst einen Fehler gemacht, und Fehler verzeiht die Marathondistanz nun einmal nicht. Dafür geht diese Sportart zu sehr an die Belastungsgrenze. Aber leider ist es wohl so, dass Wissen und Tun zwei paar Schuhe sind. Auch als Profi weiß man vieles und begeht dennoch Fehler. Ich selbst habe im Jahr 1997 in Osaka gründlich danebengegriffen.

Bis etwa Kilometer 20 war der Lauf recht unspektakulär – es passierte nichts Aufregendes. Dann machte ich einen Fehler, den ich noch nie gemacht hatte, den ich nie wieder machen sollte und der mich fast den Sieg gekostet hätte. Kurz nach Kilometer 20 kamen wir zum nächsten Verpflegungspunkt. Wie üblich, hatten die Spitzenläuferinnen einen Tag vor dem Rennen ihre Getränkeflaschen abgegeben, und jeder Läuferin war ein bestimmter Tisch zugewiesen worden, damit sie im Vorbeilaufen ihre Flasche leichter finden konnte. Auf jedem Tisch standen ungefähr zehn Flaschen. Eine Läuferin vor mir, der man den gleichen Tisch zugewiesen hatte wie mir, griff nach ihrer Flasche und riss dabei meine um, die auf der Straße landete. Anstatt einfach weiterzulaufen und nur vom neutralen Wasser zu nehmen, bückte ich mich und hob meine Flasche auf. Was dann passierte, konnte ich erst mal gar nicht begreifen. Als ich mich wieder aufgerichtet hatte, dachte ich, ich hätte falsche Beine dran. Durch das Bücken hatte ich meinen Laufrhythmus völlig verloren. Ich konnte das Tempo einen Moment nicht mehr halten. Als die anderen das bemerkten, beschleunigten sie natürlich, um mich abzuschütteln. Schließlich galt ich – neben Jegorova, Takahashi, Simon, Hara usw. – als Mitfavoritin. Plötzlich entstand eine Lücke und ich war nur noch Achte. Erst nach und nach stellte sich das Gefühl ein, wieder rund zu laufen. Bei Kilometer 25 schaute ich auf meine Uhr und las die Zwischenzeit für den letzten 5-Kilometer-Abschnitt mit ab: 17:09. Das gab mir neuen Mut. Ich nahm mir vor, den Abstand nicht zu groß werden zu lassen, denn ich wusste jetzt, ich war sehr schnell. Dieses Tempo würden die vorn nicht halten können. Bis Kilometer 28 erholte ich mich immer mehr und begann mit der Aufholjagd. Bei Kilometer 30 war ich schon an dritter Position. Nur Hara und Takahashi lagen noch vor mir. Dann fiel Takahashi, die als Geheimfavoritin galt, zurück. Kurz darauf konnte ich sie überholen. Bei Kilometer 34 lief ich dann auf Hara auf und überlegte, wie ich mich verhalten sollte. An die Spitze gehen oder lieber erst mal dranhängen, war die Frage, denn ich hatte bei der Aufholjagd auch ganz schön Federn lassen müssen. Die Entscheidung wurde mir aber schnell abgenommen. Kaum war ich neben ihr, legte sie einen Zwischenspurt ein und hatte gleich zwanzig, dreißig Meter gewonnen. Komisch, aber ich kann mich noch ganz genau daran erinnern, wie es mir ging und was ich dachte beziehungsweise fühlte. Ich wollte nur, dass der Abstand nicht zu groß wird. Da ich normalerweise die letzten Kilometer immer sehr stark laufen konnte, sah ich meine Chance, doch noch zu gewinnen, als durchaus intakt an. Und so kam es auch. Einen Kilometer weiter war ich wieder dran, ging sogar vorbei und konnte meinen Vorsprung bis ins Ziel kontinuierlich ausbauen.

Zum Abschluss gab es am Abend noch eine gesellige Veranstaltung für die Spitzenläuferinnen und ihre Trainer. Der Trainer von Takahashi war ebenfalls dort, er trainiert übrigens auch Susuki, die im Jahr zuvor in Osaka Zweite geworden war und 1997 Weltmeisterin wurde. Bei dieser Veranstaltung fragte er mich, worin denn mein Geheimnis bestünde, dass ich über so viele Jahre, ich hatte ja erstmals 1984 in Osaka gewonnen, vorn mitlaufen konnte.

Das Geheimnis des Erfolges

Ich glaube, dass es überhaupt kein Geheimnis gibt. Es sind mehrere Punkte, die zusammenkommen und in der Summe dann meine Erfolge möglich gemacht haben. Das Wichtigste ist bestimmt die Liebe zu diesem Sport und dann natürlich auch eiserne Disziplin und eine gehörige Portion Ehrgeiz. Ehrgeiz, der immer wieder das Feuer entfacht, den Wunsch nach Erfolg. Denn ohne dieses Feuer, ohne, dass du immer wieder auf den Erfolg brennst, dir damit auch die notwendige Motivation im Training holst, wirst du niemals auf Dauer die hohen Belastungen ertragen.

Natürlich spielt für einen Profi auch das Geld eine wichtige Rolle. Aber das allein würde nicht reichen, um so verrückt zu sein, auch an Heiligabend zur Not mal drei Trainingseinheiten zu absolvieren, weil man sich vorgenommen hat, im Januar einen Marathon zu gewinnen. Ich glaube, man muss den Sport lieben und für den Sport leben, um es ertragen zu können, zeitweise mit nichts anderem beschäftigt zu sein. Denn genau das sind wir die meiste Zeit des Jahres, den ganzen Tag mit Sport beschäftigt. Oft habe ich, wenn der Vormittag mit harten Einheiten ausgefüllt war, nachmittags, wenn es wieder losging, zu meinen Trainingspartnern gesagt: „Ich komme mir vor, als würde ich nur noch laufen, überhaupt nichts anderes mehr machen." Denn die Mittagspause verging immer viel zu schnell und schon wurde die Belastung wieder hochgefahren. Die Pausen habe ich kaum wahrgenommen. Genau wie beim Tempotraining. Die Erholungsphasen vergehen wie im Flug, die Belastungsphasen ziehen sich wie Kaugummi. Wie anstrengend das alles ist und wie extrem diese Belastungen sind, können nur diejenigen ermessen, die Ähnliches auf sich nehmen. Oder auch die, die neben ihrer Arbeit noch hart trainieren. Athletinnen und Athleten, die Beruf und Leistungssport mit all seinen Anforderungen unter einen Hut bringen, habe ich immer bewundert.

Denn das harte Training hat oft etwas Schreckliches an sich. Ich habe immer äußerst hart trainiert. Eher zu viel als zu wenig. Aber gerade so, dass das Ganze nicht kippt. Deshalb ist es auch so wichtig, ab und zu ‚Hängertage' einzustreuen. Tage, an denen dann gar nichts passiert. Dann erlaube ich mir, einfach mal nichts zu tun und nur abzuhängen. Extremes Training ist oft wie eine Gratwanderung, und manches Mal habe ich gedacht: „Warum tust du dir das eigentlich an? Suche dir doch eine einfachere Möglichkeit, dein Geld zu verdienen." Denn das Schwierige, das wirklich Zermürbende, ist in der Tat das Training, nicht der Wettkampf. Natürlich musst du beim Wettkampf bis ans Äußerste gehen, aber das musst du beim Training auch. Und zwar über Wochen und Monate. Tag für Tag aufs Neue. Du fällst ins Bett und weißt, morgen geht es genauso weiter. Du stehst manchmal frühmorgens auf und kannst dich kaum bewegen, weil dir alles weh tut. Aber du weißt, du brauchst das Training, um in einigen Wochen bei einem anvisierten Wettkampf die optimale Leistung abrufen zu können. Die Überwindung fällt manchmal ungeheuer schwer. Ich glaube, dass schafft auch nur jemand, der sich mit aller Konsequenz dem Sport verschrieben hat und auch erfolgreich sein will.

Beim Marathon weißt du genau – jetzt geht es ungefähr zweieinhalb Stunden brutal zur Sache, dann ist die Quälerei vorbei. Aber wenn sich der Erfolg einstellt, ist es herrlich, und die Gedanken an die mühselige Plackerei verschwinden ganz schnell.

Aller guten Dinge sind drei – Die Jagd nach dem Hattrick

Erfolgreich sein wollte ich auch im Herbst 1997. Aufgrund meiner schlechten Erfahrungen mit den hochsommerlichen Hitzeläufen hatte ich mir extra einen Start im Sommer verkniffen, um in Frankfurt wieder um den Sieg mitlaufen zu können. So hatte ich mich optimal auf diesen Marathon vorbereiten können. Ich hatte zwei Ziele. Zum einen wollte ich den Hattrick, also den dritten Sieg in Folge, und zum anderen wollte ich den Streckenrekord verbessern, den Franziska Moser aus der Schweiz hielt. Ich schaffte beides – Sieg und Streckenrekord in 2:26:48! Das war bereits mein zweiter Hattrick, denn zuvor hatte ich den London-Marathon dreimal in Folge für mich entscheiden können.

So nahm ich mir hoch motiviert einen weiteren Streich für den 26. Januar 1998 vor, als wieder einmal der Osaka-Marathon auf dem Programm stand. Auch bei diesem Lauf wollte ich unbedingt den Hattrick schaffen, wobei ich ahnte, dass es sehr schwierig werden würde. Alleine mit Simon und Louroupe waren zwei ganz starke Gegnerinnen am Start, die auch als Favoritinnen galten. Es herrschte schlechtes Wetter mit sehr starkem Wind. Das hatte zur Folge, dass niemand Tempo machen wollte und es so ein sehr langsames Rennen wurde. Bei Kilometer 35 waren wir noch zu neunt, was relativ selten vorkommt. Auch ich hatte nicht den Mut, wenigstens zu diesem Zeitpunkt eine Attacke zu starten. Hätte ich es nur getan. Im Nachhinein ärgere ich mich immer wieder, dass ich es nicht wenigstens versucht habe. Ich alter Feigling! Bei Kilometer 40 waren wir noch immer vier

Läuferinnen, und das Tempo war ordentlich verschärft worden, wobei jede für sich gegen den Wind kämpfte, denn wir liefen nebeneinander. Auf dem letzten Kilometer waren wir nur noch zu zweit. Eine der Top-Favoritinnen war schon nicht mehr dabei. Übrig geblieben waren Simon und ich. Wir liefen ein höllisches Tempo. Es waren nur noch etwa 400 Meter zu laufen. Ich gab alles, aber Simon konnte sich vier bis fünf Meter absetzen. Es war ein eigenartiges Gefühl. Ich war nicht eigentlich kaputt, dazu hatten wir wohl zu sehr gebummelt. Körperlich war ich also absolut fit, aber ich konnte das Tempo einfach nicht mehr mitgehen. Die Simon spielte natürlich ihre Schnelligkeit aus, immerhin war sie mit einer Zeit von 31 Minuten über 10.000 Meter WM-Zweite geworden, und sie lief mir einfach weg. Die letzten 2,2 Kilometer lief auch ich in nur 6:58! Weißt du, was das für eine Geschwindigkeit ist! Aber Lydia Simon war halt schneller. Im Ziel habe ich mich dann rasch wieder erholt, denn richtig gerannt wurden ja nur die letzten Kilometer. Meine Zeit lautete 2:28:38. Ordentlich geärgert habe ich mich schon, und zwar in erster Linie über meine Unentschlossenheit! Ich hätte das Ding einfach viel früher angehen müssen. Ich hatte meinen angestrebten Hattrick verbummelt. Auf solch eine Bummelei, das schwor ich mir, würde ich mich nicht mehr einlassen. Gelegenheit, mir selbst und dem Rest der Welt dies zu beweisen, bot sich im April, denn auf meinem Terminkalender stand zum ersten Mal Hamburg. Und da wollte ich es krachen lassen.

Weltjahresbestzeit in Hamburg

In der Hansestadt lief ich zum ersten Mal. Die Strecke kannte ich nur vom Papier. Das war nicht gerade von Vorteil. Ich war nämlich mit völlig falschen Vorstellungen angereist, wie sich herausstellte. Ich konnte nur von Glück sagen, dass ich im Vorfeld viel Bergtraining gemacht hatte, denn sonst wäre ich wohl sang- und klanglos eingegangen. Ich bin mit der Vorstellung an den Start gegangen, der Kurs sei flach. Immerhin waren wir doch in Hamburg, und dort musste es ja wohl flach und eben sein. Aber das Gegenteil war der Fall. Die gesamte Strecke ist leicht profiliert. Und gerade auf den letzten zwei Kilometern, wenn man sowieso zu kämpfen hat, führt die Strecke stetig leicht bergan. Eigentlich verlief der gesamte Marathon sehr gut und exakt nach meinen Vorstellungen. Ich war immer im Bereich meiner persönlichen Bestzeit, dann kamen diese letzten zwei Kilometer. Auf diesem Stück hatte ich das Gefühl, es nimmt überhaupt kein Ende. Ich lief und lief, aber ich kam dem Ziel scheinbar nicht näher. Immer wenn ich dachte, jetzt muss das Ziel doch endlich erreicht sein, kam die nächste Kurve – frustrierend. Aber zu guter Letzt hat es dann doch gereicht. Endlich war es mir gelungen, meine persönliche Bestzeit zu unterbieten, worüber ich mich riesig gefreut habe. 2:25:21 bedeuteten übrigens zu diesem Zeitpunkt Weltjahresbestzeit – klang doch super, oder? –, wenn auch nur für wenige Stunden, denn Tecla Loroupe lief am gleichen Tag bei einem anderen Marathon, der später gestartet wurde, noch ein bisschen schneller. Aber wirklich trüben konnte das meine Freude nicht.

Eine gute Zeit zu laufen ist immer ein tolles Erlebnis. Ich denke, da macht es keinen Unterschied, ob man ganz weit vorne oder ganz weit hinten läuft. Wenn die Zeit stimmt, ist das Selbstbestätigung und Lohn für oft monatelange Mühen gleichzeitig. Und nur das sollte zählen.

Um mich herum wird es nun, da es auf das Ende des Laufes zugeht, spürbar hektischer. Die Blicke der Läufer gehen immer öfter zur Uhr. Für die einen stellt sich bereits jetzt heraus, dass das gesteckte Ziel heute nicht mehr zu erreichen sein wird. Das macht aber nichts, die nächste Gelegenheit kommt bestimmt. Wenn abzusehen ist, dass man die Zeit, die man sich vorgenommen hat, nicht mehr erreichen kann, dann sollte man es auch nicht mit Gewalt versuchen – beim nächsten Marathon wird es sicherlich klappen. Diejenigen aber, bei denen es zwar knapp, aber durchaus realistisch ist, ihr selbstgestecktes Ziel zu erreichen, mobilisieren jetzt, jenseits der 40-Kilometer-Marke, die letzten Reserven – ein kleines Stück noch, wie sonst im Training, das muss doch zu schaffen sein. Jetzt muss man auf die Zähne beißen und fighten bis ins Ziel. Das ist ja das Aufregende beim Marathon. Selbst auf den letzten zwei Kilometern kann noch unendlich viel passieren. Also los, Sportsfreunde, dann viel Glück auf der letzten Etappe. Ich allerdings werde mich auf den letzten Metern nicht gar so eilen. Für mich geht es nämlich heute um viel mehr als um Zeiten oder Prämie. Für mich ist es heute kein Lauf gegen die Uhr, sondern ein Lauf durch mein Leben als Sportlerin. Und den will ich genießen, bis ins Ziel.

Genießen, wie das Rennen 1999 in Hamburg. Dort trat ich zum zweiten Mal an und wusste somit, was auf der Strecke auf mich zukommen würde. Der Marathon selbst verlief recht unspektakulär. Spektakulär allerdings ging es am Streckenrand zu. Es ist schon unglaublich, was sich Jahr für Jahr beim Hanse-Marathon abspielt. Diese Begeisterung der Nordlichter für die Marathonläufer und -läuferinnen ist immer wieder beeindruckend. In vielen Punkten war die Veranstaltung eine Kopie des Rennens im Jahr zuvor: Interessante Strecke, begeisterte Zuschauer, tolle Organisation – und für mich der nächste Sieg in persönlicher Bestzeit. Zum ersten Mal nach so vielen Jahren Marathon blieb ich unter der Marke von 2 Stunden 25 Minuten. Bei 2:24:35 blieb die Stoppuhr stehen – ich habe mich riesig gefreut, denn ich hatte nebenbei auch noch eine neue Weltbestzeit in der Klasse W35 geschafft.

Das freute natürlich auch meinen Sponsor. Am nächsten Morgen kam ein Kamerateam von ASICS und machte Aufnahmen für eine japanische Sportzeitung. Leider nicht nur Portraits, sondern auch solche, bei denen ich laufen musste. Das war aber gar nicht so einfach, einen Tag nach diesem harten Marathon. Ein Bein konnte ich nicht richtig nach vorn bringen, das wurde irgendwie nur hinterhergezogen. Überdies hatte ich starke Muskelschmerzen. Das Laufgefühl war völlig weg. Die Aufnahmen fanden auf einem Parkweg statt, der auch noch uneben war. Jede kleine Vertiefung musste ich versuchen auszubalancieren, um nicht in die Knie zu gehen. Irgendwann brachte der Matthias Kohls von ASICS Deutschland es dann auf den Punkt: „Es war wohl keine so gute Idee, das Ganze nach einem Marathon zu machen." Das fand ich auch.

Und dann ging es tatsächlich doch noch einmal über den großen Teich. Irgendwie hat der New York-Marathon eine so große Faszination, dass auch ich mich dem nicht auf Dauer entziehen konnte. Und damit befinde ich mich in großer und guter Gesellschaft. Denn egal ob Profi oder Freizeitläufer, alle wollen irgendwann einmal nach New York. Ich war zwar schon einmal dort gewesen, aber das Rennen gehört zweifellos nicht zu den Highlights meiner Karriere. Und so kam es, dass ich 1999 wieder einmal im Flieger saß und gen Westen reiste – zu meiner zweiten Teilnahme am New York-Marathon.

Als ich dort neun Jahre zuvor das erste Mal gelaufen war, stand für mich fest: Nie wieder, so erschöpft war ich. Aber nun zog es mich doch wieder nach New York. Dieser Lauf ist nun einmal einer der größten Marathons der Welt und dementsprechend wollte ich mich so teuer wie möglich verkaufen, zumal nach dem Einbruch bei meiner Premiere. Leider sollte ich mich auch dieses Mal verkalkulieren. Mein Manager hatte am Morgen vor dem Lauf noch ein Gespräch zwischen der mexikanischen Top-Favoritin Fernandez und ihrem Trainer mitgehört, in dem sie ihm mitteilte, es gehe ihr noch nicht besser und sie habe nach wie vor leicht erhöhte Temperatur. Das zu erfahren war im Nachhinein ein großer Fehler, denn ich sah in ihr mit einem Mal keine ernsthafte Gegnerin mehr.

Wir Frauen liefen separat und starteten früher als die Männer. Ich persönlich finde das nicht schön, da man sich nie „verstecken" kann, wie in einem Männerfeld. An diesem Tag war es wieder einmal sehr windig, und ich bin schon immer so gelaufen, dass ich mich auf der sicheren Seite wähnte. Ein Risiko bin ich bei solchen Verhältnissen nur selten eingegangen.

So entwickelte sich auch das Rennen. Die ersten drei bis vier Kilometer liefen wir gemeinsam, dann setzte sich Fiacconi ab und kurze Zeit darauf folgte ihr Fernandez. Ich ging davon aus, dass die bei diesem Wind niemals alleine durchkommen würden und blieb hinten im Feld, wo ich mich auch gut vor dem Wind verstecken konnte. Und das war ein großer Fehler! Der ganze Lauf kam mir extrem locker vor, ich war ja sehr gut vorbereitet. Außerdem wartete ich darauf, die beiden Ausreißerinnen wieder zu Gesicht zu bekommen. Aber weit gefehlt. Die bauten im Gegenteil ihren Vorsprung immer weiter aus, wie sich hinterher herausstellte. Zehn Kilometer vor dem Ziel entschloss ich mich endlich, alles auf eine Karte zu setzen und stürmte los. Diese Idee hatte leider auch Ndereba, die mittlerweile bereits unter 2 stunden 20 Minuten gelaufen ist. Der letzte Teil der Strecke führt durch den Central Park, ein Abschnitt, der wegen seiner vielen schweren Anstiege bei allen gefürchtet ist. Wir beide stürmten also durch den Park, und etwa fünf Kilometer weiter sichteten wir endlich die erste der beiden Ausreißerinnen. Ich war mir sicher, die zweite würden wir auch noch holen, aber das war ein Trugschluss. Denn eine kam durch, leider. Ich lief die letzten zehn Kilometer in einer Zeit von 32:30. Für den letzten Abschnitt eines Marathons sehr beachtlich. Diese Zeit wäre für mich schon über 10.000 Meter toll gewesen. Aber Ndereba war noch etwas schneller. So gewann Fernandez vor Ndereba und mir. Sicher war ich mit dem dritten Platz zufrieden, aber ständig waren die Gedanken da: Was wäre, hätte, könnte – wenn ...

Viele wundern sich jetzt vielleicht, dass mein Trainer mir nicht rechtzeitig einen Hinweis gegeben hat. Das geht aber gar nicht. Im Grunde ist nirgendwo im Ausland diese Unsitte verbreitet, dass die Strecke von Radfahrern und Begleitfahrzeugen blockiert wird. Selbst jetzt, da es auf die letzten tausend Meter geht, wieseln die immer noch im Feld herum. Erst ganz zum Schluss verschwinden die Begleitfahrzeuge endlich. Im Ausland ist man als Läuferin dagegen völlig auf sich alleine gestellt. Finde ich aber ehrlich gesagt auch besser, denn mich nervt dieses Rumgetue der Begleiter meistens nur. Das kommt mir häufig vor, wie die Mutti, die unterwegs ist, und dem Vati das Essen bringt.

Na ja, dagegen kann man halt nichts machen. Und wie gesagt, zum Schluss ist die Bahn dann ja auch zum Glück frei. So frei, wie der letzte Abschnitt, der noch vor mir liegt. Soeben bin ich auf die Zielgerade eingebogen. Die ist hier recht überschaubar, vielleicht fünfhundert Meter lang. Links und rechts von mir beginnt nun der große Schlussspurt. Wer noch kann, der versucht jetzt, noch einige Sekunden gutzumachen und bis ins Ziel zu sprinten. In der Ferne ist bereits überdeutlich der Lautsprecher zu hören, der die Ankommenden begrüßt.

Es ist immer wieder Wahnsinn, wenn man das Ziel erreicht. Und jedes Mal ist es ein wenig anders. Manchmal wird die Zielgerade unendlich lang. Das Ziel scheint förmlich zurückzuweichen. Und beim nächsten Lauf fliegt es dir geradezu entgegen. Da hättest du, wenn die Zielgerade nur ein wenig länger gewesen wäre, vielleicht die eine oder andere Konkurrentin noch „geschluckt".

Jedes Rennen ist anders, und das ist ja auch das Schöne daran. Manchmal hast du den gesamten Lauf hindurch keinen toten Punkt, und ein andermal bist du schon bei Kilometer 10 völlig tot und denkst:

„Wie soll ich das heute nur bis ins Ziel schaffen?" Aber wenn du erst im Ziel bist, dann ist die ganze Plackerei schnell vergessen. Das Ziel zu erreichen, diese Euphorie, dieses Glücksgefühl, es geschafft zu haben, das ist bei mir nicht anders als bei jedem Hobbyläufer. Denn jeder Lauf ist eine neue Herausforderung, und nach jedem Lauf bist du heilfroh, wenn du ihn gut über die Runden gebracht hast. Dann weicht die riesengroße Belastung schlagartig der Erleichterung.

Wer das einmal erlebt hat, der will es immer wieder erleben – die Bewältigung des letzten echten Abenteuers unserer Zeit.

Als ich im Jahr 2000 in Hamburg um die letzte Kurve bog und auf das Ziel zulief, genau im Banne dieser Gefühle, da hätte ich niemals geglaubt, dass dies mein letzter Lauf sein sollte. Zu sehr fühlte ich mich noch voll dabei, motiviert und glücklich, trotz der vielen Jahre, die ich inzwischen im Marathon-Zirkus verbracht hatte. Und doch war es so. Am 16. April 2000 lief ich in Hamburg meinen letzten Marathon.

Hamburg 2000 – mein letzter Marathon

Für diesen Lauf hatte ich mich optimal vorbereiten können. Hier wollte ich den dritten Sieg in Folge schaffen und persönliche Bestzeit laufen. Nach meinen Trainingsergebnissen im Vorfeld war dieses Vorhaben absolut realistisch. Mit einer Gruppe zusammen hatte ich zuvor in den spanischen Bergen trainiert, und meine Trainingskameraden waren ebenfalls davon überzeugt, dass ich eine sehr gute Leistung abliefern würde. Es lief alles nach Plan. Lediglich mein Fuß bereitete wieder Probleme. Es hatte sich erneut ein ziemlich großer Fersensporn gebildet. Die nächste OP stand also bevor. Den Eingriff wollte ich aber erst nach den Olympischen Spielen vornehmen lassen, denn ich war für Sydney nominiert und wollte unbedingt dort starten.

Neun Tage vor dem Hamburg-Marathon kehrten wir aus dem Trainingslager nach Hause zurück, wo ich eine Woche vor dem Lauf meine erste Ausbelastung machte, die auch toll lief, mit sehr guten Werten. Am Dienstag kam ich dann nicht aus dem Bett, ich fühlte mich zerschlagen und krank und schaffte es den gesamten Tag über nicht, aufzustehen. Am nächsten Tag ging es wieder besser. Nicht hervorragend, aber es ging. Zu diesem Zeitpunkt dachte ich, das wäre ein so genannter Aussetzertag, ein Tag, an dem der Körper sich, geschwächt vom harten Training, eine Auszeit erzwingt. Dementsprechend verhielt ich mich. Ungewöhnlich war, dass ich mich auch in der Folgezeit nicht richtig fit gefühlt habe, so wie es eigentlich vor einem Wettkampf sein sollte. Ich war immer wie zerschlagen. Aber ich tat das Ganze als Folge der psychischen Belastung ab, die vor einem Marathon ja bekanntlich immens ist.

Ich startete also, aber es lief von Anfang an nicht gut. An lockeres Laufen war nicht zu denken. Damals schob ich alles auf meinen Fuß, der auch gehörig schmerzte. Eigenartig aber war – und dieses Gefühl kannte ich nicht –, ich lief zwar, wurde aber, ohne es steuern zu können, immer langsamer. Immer wieder sagte ich mir: „Du musst schneller werden, jetzt lauf doch endlich schneller!" Ich fühlte mich recht gut und war eigentlich überhaupt nicht kaputt, aber es ging einfach nicht schneller voran – als wenn in meinem Körper eine Sperre gewesen wäre. Bei Kilometer 35 lief Manuela Zipse an mir vorbei, und ich konnte nichts machen. Ich hätte heulen können. Ich wollte schneller laufen, aber es ging nicht. Ich weiß nicht, wie ich es beschreiben soll. Am Ende wurde ich Zweite hinter Manuela.

Nach dem Lauf wurde ich operiert, aber mein Befinden änderte sich nicht. Schließlich stellte sich heraus, dass ich Pfeiffersches Drüsenfieber gehabt hatte, und niemand hatte dies bemerkt Durch mehrere Blutuntersuchungen stellt man auch fest, wann der Höhepunkt dieser Krankheit gewesen war – nämlich an meinem so genannten Aussetzertag. Wenn ich das vorher gewusst hätte, wäre ich nie gestartet, denn das Ganze ist verdammt gefährlich.

Immer wieder habe ich danach versucht, wieder in Tritt zu kommen. Aber regelmäßig dann, wenn ich die Belastung gesteigert habe, ging plötzlich nichts mehr. Auch bei Wettkämpfen hatte ich den Eindruck, nicht mehr an die Grenze gehen zu können, wie erstmals in Hamburg war wieder eine Sperre da. Das bedeutete dann leider das Ende meiner Karriere. Im Jahr 2000 wäre ich nie auf die Idee gekommen, dass der Hamburg-Marathon mein letzter Lauf sein würde, denn mein Leistungsvermögen war trotz meines Alters auf dem Höhepunkt. Vielleicht war das aber ganz gut so. Schließlich habe ich mich über viele Jahre hinweg immer im Grenzbereich meiner Leistungsfähigkeit bewegt, und wer weiß, wie sonst irgendwann das Ende gekommen wäre.

Auch wenn ich nicht mehr als Spitzenläuferin beim Marathon antrete, gibt es weiterhin ausreichend Gelegenheiten, den geliebten Sport auszuüben. Denn einfach aufhören kommt nicht in Frage. Wer einmal von diesem Virus erfasst ist, den lässt die Begeisterung für das Laufen und speziell die Faszination Marathon nicht mehr los.

Auslaufen

So wie nach jedem Wettkampf das Auslaufen eine wichtige Rolle spielt, so kann man auch den weiteren Verlauf meines sportlichen Lebens sehen. Häufig lässt sich bei Spitzensportlern beobachten, dass sie, wenn der Zenit ihres Könnens erst einmal überschritten ist, gänzlich in der Versenkung verschwinden. Dies gilt für mich eindeutig nicht. Dazu liebe ich diesen Sport viel zu sehr.

Auch nach dem gesundheitsbedingten Abbruch meiner sportlichen Karriere, nach Operationen und immer wieder neu auftauchenden Problemen, habe ich die Laufschuhe nicht an den Nagel gehängt. Und die Gefahr war groß, denn zeitweise hatte ich das Gefühl, niemals wieder richtig gehen, geschweige denn laufen zu können. Erst im März 2002 konnte ich wieder ein halbwegs regelmäßiges Aufbautraining beginnen. Und sofort meldete sich der Körper wieder. Eine langwierige Muskelverletzung mit entsprechenden Behandlungen ließ mich die meiste Zeit bei Ärzten und Therapeuten verbringen statt in den Laufschuhen und stand einem Comeback im Wege. Das ist zum Glück überwunden, und ich trainiere wieder regelmäßig und konzentriere mich auf kürzere Läufe sowie auf die Begleitung meiner Tochter Katharina, die sich bereits auf den Weg gemacht hat, in die sportlichen Schuhe ihrer Mutter zu schlüpfen. Der Trainingsumfang ist bereits wieder beachtlich. Hundertzwanzig Kilometer in der Woche sind keine Seltenheit. Dazu gehören immer wieder längere Läufe, Tempoeinheiten und nach wie vor das Athletikprogramm.

In der nächsten Zeit sind Stadtläufe bis hin zu Halbmarathons geplant, die auch immer wieder nach Japan führen werden, wo Katrin Dörre-Heinig auch nach Beendigung ihrer Karriere eine große Popularität genießt. Das verpflichtet natürlich – und Aufhören oder Aufgeben ist für mich eh nie ein Thema gewesen.

„Wenn ich laufe, dann will ich das Ziel erreichen. Egal ob ich gewinne oder im Hauptfeld ankomme. Aussteigen, nur weil ich keine Aussicht auf den Sieg habe, daran verschwende ich keinen Gedanken."

Bei dieser Einstellung bleibt zu hoffen, dass ich noch viele Jahre Veranstaltungen in der ganzen Welt besuchen darf, bei denen der Ansager verkündet: „Und für Sie am Start ... Katrin Dörre-Heinig!"

Die sportlichen Erfolge von Katrin Dörre-Heinig können sich wahrlich sehen lassen. Nicht von ungefähr kommt ihr inoffizieller Titel „erfolgreichste Marathonläuferin aller Zeiten". In Japan ist sie ungeheuer populär und genießt unter anderem in Tokio den Status einer Ehrenbürgerin. Ihre Olympiateilnahmen mit vorderen Platzierungen werden durch zahlreiche Siege bei großen Marathonläufen weltweit ergänzt. Insgesamt konnte Katrin Dörre-Heinig bei ihren 45 Marathonläufen 24 Mal als Siegerin über die Ziellinie laufen.

Darüber hinaus hält sie zwei inoffizielle Weltrekorde:

Die größte Zahl von Marathonläufen unter 2 Stunden 30 Minuten (insgesamt 21) sowie die schnellste Zeit in der Altersklasse W35 (2:24:35), erzielt 1999 beim Hanse-Marathon in Hamburg.

Auch nach der Marathonzeit weiter aktiv im Laufsport

*Auf Messe-Tour mit
Polar – gemeinsam mit
Wolfgang Berrens*

*Nun geht es über die
kürzeren Distan-
zen – 7,9 Kilometer in
Aschaffenburg*

Bestens gelaunt nach erfolgreicher Regenschlacht in Aschaffenburg

Gemeinsam am Start mit Tochter Katharina

Weiterhin erfolgreich als Team – Katrin und Wolfgang

2004 in Frankfurt:
Wieder beim Marathon dabei allerdings als Staffelläuferin

Persönliche Bestleistungen

Marathon	2:24:35
Halbmarathon	1:09:15
10 Kilometer	31:52

Erfolge

4-malige Gewinnerin des Osaka-Marathons
3-malige Gewinnerin des Tokio-Marathons
3-malige Gewinnerin des London-Marathons, in Folge
3-malige Gewinnerin des Frankfurt-Marathons, in Folge
2-malige Gewinnerin des Hamburg-Marathons
Gewinnerin des Berlin-Marathons
Gewinnerin des Nagoya-Marathons

Olympische Spiele 1988	Dritter Platz
Olympische Spiele 1996	Vierter Platz
Weltmeisterschaften 1991	Dritter Platz

Dumm gelaufen...

und alle rennen mit

Hrsg.
Christoph Külzer-Schröder
Winfried Aufenanger

AGON

Christoph Külzer-Schröder
Dumm gelaufen – und alle rennen mit
ISBN 978-3-89784-098-0
Hardcover; 112 Seiten,
ca.50 Fotos,
17,0 x 24,0 cm

Euro 12,50 / CHF 21,90

Weitere Laufbücher im AGON Sportverlag

Christoph Külzer-Schröder
Abenteuer Marathon
ISBN 978-3-89784-234-2
Paperback 128 Seiten, ca. 30 Illustrationen
14,8 x 21,0 cm

Euro 9,90 / CHF 18,00

FUSSBA**LLL**EGENDEN – Die Reihe mit den LLL
FUSSSSBA**LLL**IEBE - FUSSBA**LLL**EBEN – FUSSBA**LLL**EIDENSCHAFT

Franz Josef Bomert
Helmut Rahn
– Der Boss
ISBN 978-3-89784-288-5
Hardcover, 104 Seiten, ca.
150 Fotos, 22,0 x 32,0 cm
Euro 19,90 / CHF 33,50

Folke Havekost / Volker Stahl
Helmut Schön
– Der Mann mit der Mütze
ISBN 978-3-89784-283-0
Hardcover, 104 Seiten,
ca.150 Fotos, 22,0 x 32,0 cm
Euro 19,90 / CHF 33,50

Hans Vinke
Charly Dörfel
Freibeuter des Fußballfeldes
ISBN 978-3-89784-284-7
Hardcover, 104 Seiten, ca.
100 Fotos, 22,0 x 32,0 cm
Euro 19,90 / CHF 33,50

Helmut Rasch / Volker Neumann
Die Walter-Elf
ISBN 978-3-89784-285-4
Hardcover, 64 Seiten, ca. 100
Fotos, 22,0 x 32,0 cm
Euro 16,90 / CHF 29,00

Wolfgang Fuhr
FUSSBALLLEGENDEN 2007 – Kalender
ISBN 978-3-89784-289-2
Spiralbindung 13 Seiten, 44,0 x 35,0 cm

Euro 12,90 / CHF 22,80

www.fussba**lll**egenden.eu – www.agon-sportverlag.d